JN118116

基礎からはじめる

# 国語の表現力トレーニングノート

大修館書店

## 本書について

・国語の基礎・基本を徹底的に練習できるようにしたノートです。

・基本的な課題に取り組み知識を整理できる **基本ワーク**、類題に挑戦することで定着を図る **確認ワーク**、復習と学習のまとめに使える「**チャレンジテスト**」から成ります。

・巻末には **国語基礎力強化ワーク** を付け、仮名遣い、送り仮名、間違えやすい漢字、四字熟語、慣用表現など、すべての国語力を支える基礎的な事項を集中して学べるようにしました。

**評価の観点**…以下の項目ごとに、学習指導要領に即した評価の観点を示し、身につく力を明示しました。

◉知識・技能 ………… **知識・技能**

◉思考・判断・表現 ………… **思考・判断・表現**

◉主体的に学習に取り組む態度 ………… **主体的態度**

## 1　言葉と出会う



## 2　伝える、伝え合う

# 国語基礎力強化ワーク

レッスン1 言葉と表記(1)

# 仮名遣い

学習日 月 日

検印

解答 P.2～4

## ■ウォームアップ

基本ワーク　解答 P.2　知識・技能

言葉を文字で書き表すことを表記という。次の①②には、表記に誤りが含まれている。その誤りを、正しい表記になるように修正してみよう。

①

〈例〉う

おはよお。台風結講ひどいな。風の音で全然眠むれなかったよ。

俺も。
電車も運休してるし、学校休みでいんだよな。

昨日来たメールに書いてあったとうり、暴風警報が解徐されてないから休校だよ。

そうゆうことだよな。

②

この先行き止り！

私有地につき、
間係者以外の通り抜け禁止

## ◆長音の表記

長音（伸ばす音）は、原則として直前の音の母音を書くが、オ列の音を伸ばすときは「う」を書く。

ア列　おかあさん（おかーさん）
イ列　おにいさん（おにーさん）
ウ列　ふうふ（ふーふ）
エ列　おねえさん（おねーさん）
オ列　おとうさん（おとーさん）

注意　オ列の音を伸ばす場合、長音として読むか「お」と読むかにかかわらず、「お」と書く語もあるので注意。

〈例〉おおやけ（公）　こおり（氷）
いきどおる（憤る）　おおう（覆う）
とおる（通る）　とどこおる（滞る）
いとおしい　おおい（多い）
おおきい（大きい）　とおい（遠い）
おおむね　おおよそ

## ■ 仮名遣い

**基本ワーク** 解答 P.2 知識・技能

次の①〜⑫は、仮名遣いの表記に問題がある文である。仮名遣いが間違っている部分に傍線を引き、正しい表記を解答欄に記入しよう。

① 郵送またわ電子メールで申し込む。

② いつもどうり、朝七時に起きた。

③ とおさんとの約束はずっと忘れない。

④ 野球部はちかじか大事な試合を控えているそうだ。

⑤ 散らかった部屋をかたずける。

⑥ 手に持ったおにぎりを思い切りほうばる。

⑦ 絶対に最後までやりとうすつもりだ。

### ◆「ぢ」「づ」を用いる語

原則として、「し」「ち」が濁ると「じ」、「す」「つ」が濁ると「ず」と書く。ただし、同音の繰り返しが元になっていたり、二語が組み合わさっていたりする語は、「ぢ」「づ」を用いて書く。

〈例〉ちぢむ（縮む）　つづく（続く）
はなぢ（鼻血）　そこぢから（底力）
おこづかい（お小遣い）　かたづけ（片付け）

注意 次の語は、二語には分解しにくいため、「じ」「ず」で書くことを基本とする。

〈例〉じめん（地面）　いなずま（稲妻）
せかいじゅう（世界中）　きずな（絆）
うなずく（頷く）　おとずれる（訪れる）
つまずく　ひざまずく

### ◆助詞の「は」、動詞の「いう（言う）」

助詞の「は」や動詞の「いう（言う）」が元になっている語は、「は」と書いて「わ」、「いう」と書いて「ゆう」と読む。

〈例〉こんにちは　あるいは　もしくは　願わくは
いうまでもない　こういうわけ　どういう

⑧ 彼が優秀であることはゆうまでもない。

⑨ 生まれたばかりの子犬たちはとてもいとうしい。

⑩ 企画の中止はやむおえないことだ。

⑪ 資料にもとずいて説明する。

⑫ 「こんにちわ」と元気にあいさつする。

## 確認ワーク

解答 P.3

**1** 表記に気をつけて、次の傍線部の漢字の読み方を平仮名で書きなさい。 知識・技能

① 稲妻

② 著しい

③ 映画

④ 覆う

⑤ 地面

⑥ 公の場

⑦ お姉さん

⑧ 扇の的

⑨ 片付け

⑩ 携帯電話

⑪ 時計台

⑫ 丁寧

⑬ 憤る

⑭ 世界中

⑮ 頷く

⑯ ろうそくの炎

⑰ 滞る

⑱ 大通り

⑲ かき氷

⑳ 訪れる

**2** 仮名遣いが間違っている部分に傍線を引き、解答欄に正しく書き直そう。 知識・技能

① けがのため、大会出場はあきらめざるおえない。
② 天気予報のとうり、雪が降ってきた。
③ わかりずらい表現を避ける。
④ 友達と、遅くまで遊びほおける。
⑤ 力づくで相手をねじ伏せる。
⑥ 社会の厳しさをつくずく感じた。
⑦ くしゃくしゃにちじれた紙。
⑧ 旧友の活躍をひとずてに聞く。
⑨ そうゆうわけで、遅刻しました。
⑩ ひざまづいて、祈りをささげる。
⑪ 馬のたずなをしっかり握る。
⑫ こんばんわ。宅配便です。
⑬ さかづきで酒を飲む。
⑭ メール、あるいわ電話でご連絡ください。
⑮ 高速道路の車の音がそおぞおしい。
⑯ 勝負のゆくえをかたづを飲んで見守る。

レッスン1 言葉と表記(2)

# 送り仮名

学習日 月 日

検印

解答 P.4～5

## 基本ワーク

知識・技能

次の①～⑩について、送り仮名が間違っている箇所を解答欄に正しく書き直そう。

① 彼の主張は全たく理解できない。

② 昨今、活字離れが甚しいと聞く。

③ 細まやかな配慮に感謝する。

④ 休みを前に気持ちが浮わつく。

⑤ 解決に向けて対策を考がえる。

⑥ 急に飛び出すと危い。

⑦ 柔かな日差しが差し込む。

⑧ 必らずしも合格するとは限らない。

⑨ 冷静になるまで頭を冷す。

⑩ 人々を恐怖に陥いれる。

### ◆送り仮名の決まり

活用のある語は、原則として活用語尾の部分を送り仮名にする。

〈例〉 書く（か-く） 憤る（いきどお-る）
生きる（い-きる） 考える（かんが-える）
荒い（あら-い） 潔い（いさぎよ-い）

注意 次のように、例外的な送り仮名を書く語もある。

〈例〉 明るい（あかる-い） 著しい（いちじるし-い）
危ない（あぶな-い） 大きい（おおき-い）
静かだ（しずか-だ） 幸せだ（しあわせ-だ）

文化庁「送り仮名の付け方」を調べてみよう。

## 確認ワーク

**1** 傍線部は送り仮名が間違っている。解答欄に正しく書き直そう。 知識・技能

① 不穏な空気が漂よう。
② よいアイディアが生れる。
③ 両親の留守を預る。
④ 自らの言動を省る。
⑤ 母から正式な作法を教る。
⑥ 二年ぶりに母校を訪ずれる。
⑦ 試合までの期間が短かい。
⑧ 私の妹はまだ幼ない。
⑨ この問題はひどく難かしい。
⑩ 木々の緑が目に鮮かだ。
⑪ あの人はずいぶん朗がらかだ。

**2** 送り仮名が間違っている部分に傍線を引き、解答欄に正しく書き直そう。 知識・技能

① 急な経営不振に陥いる。
② 遠くから雷鳴が聞える。
③ 伝統を重じる心を養う。
④ 滞おった流れを元に戻す。
⑤ できるだけ隔りを小さくする。
⑥ 新しい服はデザインが珍らしい。
⑦ 身の引き際が潔よい。
⑧ 軽ろやかな気分で試合に臨んだ。
⑨ 式典は厳そかに行われた。
⑩ 憤りのあまり、顔を背むける。
⑪ 大会で輝やかしい成績を収める。

レッスン1 言葉と表記(3)

# 漢字

学習日 月 日

解答 P.5～6

検印

## 基本ワーク

知識・技能

次の①～⑩について、誤った漢字が使われている語句を、解答欄に正しく書き直そう。

① 食堂で焼き魚定食を注問する。
② アンケートに解答する。
③ 元気のない友人を気遣う。
④ この薬は頭痛によく聞く。
⑤ 逆転の絶交のチャンスを迎える。
⑥ 胸に秘めた厚い思いを伝える。
⑦ 敵がいよいよ姿を表した。
⑧ 田中君を生徒会長に押す。
⑨ 卒業に必要な課程を終了する。
⑩ 厳粛な気持ちで開会式に望む。

同音異義語や異字同訓の使い分けを意識し、正しい漢字を使って書くようにしよう。

◆同音異義語 …同じ音で意味の異なる語

〈例〉
意志・意思　回答・解答
解放・開放　競争・競走
最後・最期　事典・辞典
特徴・特長　保健・保険
対照・対象・対称　追及・追求・追究

◆異字同訓 …同じ訓で意味の異なる語

〈例〉
表す・現す・著す　納める・収める・治める
移す・写す・映す　侵す・犯す・冒す
暑い・厚い・熱い　誤る・謝る
推す・押す　踊る・躍る

## 確認ワーク

**1** 次の――線部は漢字が間違っている。同じ読みの正しい漢字を用いて解答欄に書き直そう。 知識・技能

① 彼女のブランド思考は心配だ。
② 夏の暑さに食欲不審になる。
③ 責任を他人に転化してはならない。
④ この時計は成功にできている。
⑤ 校舎を一般の人々に解放する。
⑥ 若い君主が国を修める。
⑦ 鏡に自分の顔を写す。
⑧ 遠足についての作文を描く。
⑨ 時とともに熱意も覚めていった。
⑩ 決勝戦で惜しくも破れた。

**2** 漢字が間違っている語に傍線を引き、解答欄に正しく書き直そう。 知識・技能

① 兄の詩が雑誌に乗る。
② この世のすべては諸行無情である。
③ この庭園は左右対照にできている。
④ 社長の独断先行で始まった企画だ。
⑤ 犯罪者を厚生させ社会復帰を促す。
⑥ どちらが正しいか裁判で決着をつける。
⑦ 作品を細部まで完壁に仕上げる。
⑧ 会議で決を執る。
⑨ 大学の講議を見学する。
⑩ 恋人の関心を買うために贈り物をした。

レッスン1 言葉と表記(4)

# 慣用表現

学習日 月 日

解答 P. 7〜8

検印

## 基本ワーク

知識・技能

次の①〜⑩について、間違っている慣用表現を解答欄に正しく書き直そう。

① 共通の趣味の話題で意気統合する。
② 卒業製作はまさに我々の血と涙の結晶だ。
③ 不祥事が次々と明るみになる。
④ 人をだまそうとするなんて言語同断だ。
⑤ 彼らの話にうまく相づちを入れる。
⑥ 著名な方々が、きらぼしのごとく居並ぶ。
⑦ 興味深々で次の展開を見守る。
⑧ 前任者の二の舞いを踏む。
⑨ 多数派の意見に不和雷同する。
⑩ 仲間に裏切られて腹が煮えくりかえる思いだ。

### ◆間違えやすい慣用表現

慣用表現を正確に覚え、正しく使おう。

〈例〉
×絶対絶命 ○絶体絶命
×五里夢中 ○五里霧中
×温古知新 ○温故知新
×気の置ける友人 ○気の置けない友人
×熱にうなされる ○熱に浮かされる
×孫にも衣装 ○馬子にも衣装
×合いの手を打つ ○相づちを打つ
○合いの手を入れる
×口車を合わせる ○口車に乗る
○口裏を合わせる

## 確認ワーク

**1** ——線部は慣用表現として誤っている。解答欄に正しく書き直そう。 知識・技能

① 寸暇を惜しまずに勉強した。
② 彼の意見は怪刀乱麻であった。
③ 上へ下への大騒ぎとなった。
④ 講演会で自我自賛をする評論家。
⑤ くもの子を飛ばすように逃げ出す。
⑥ 温古知新の精神で古典を学ぶ。
⑦ それは砂上の空論だ。
⑧ なんとも厚顔無知な行動だ。
⑨ その話を聞いて怒り心頭に徹した。
⑩ まさに危機一発のところだった。

**2** 慣用表現として間違っている部分（四字熟語か一文節）に傍線を引き、解答欄に正しく書き直そう。 知識・技能

① ついに私に白羽の矢が当たった。
② 五里夢中の状態を手探りで進む。
③ その意見は的を得たものだった。
④ 彼の意味深重な笑いが気になる。
⑤ 竹を切ったような気性の人物。
⑥ 慌てて軽挙盲動をしてはならない。
⑦ 木で鼻をつつくような対応だった。
⑧ 前代未問の出来事というほかない。
⑨ 気後れして二の足を置く。
⑩ 結果の発表を首を高くして待つ。

# チャレンジテスト①
# 言葉と表記

解答 P.8　学習日　月　日　／100　検印

▼仮名遣い　本書 P.6〜9・118〜119　知識・技能

問1　間違った仮名遣いを含むものを記号で答えよう。　8点〈各2点〉

①ア　友人の意見にうなずく。　イ　もてなしの心。　ウ　料理を味わう。　エ　二つづつ配る。

②ア　そういうこともあるさ。　イ　幼なじみと再会する。　ウ　ちらしずしを食べる。　エ　心ずくしの品物。

③ア　手づかみで食べる。　イ　自づから真相がわかる。　ウ　筆づかいが下手だ。　エ　恥ずかしいふるまい。

④ア　部屋を片づける。　イ　身じまいを正す。　ウ　結論を裏ずける証拠。　エ　おおむね理解できた。

▼送り仮名　本書 P.10〜11・120〜121　知識・技能

問2　次の語を漢字と送り仮名で書こう。　30点〈各3点〉

①いさましい　②こころよい

③もより　④てつだう

⑤すこやか　⑥やわらか

⑦うしろ　⑧かならず

⑨もちいる　⑩ことなる

▼漢字　本書 P.12〜13・124〜129　知識・技能

問3　次の文中の――線部を正しく漢字で書いたものを、それぞれ後から選び、記号で答えよう。　10点〈各1点〉

①広場の隅に立つ木をゴールに三人でキョウソウした。
ア　協奏　イ　強壮　ウ　競争　エ　競走

②大学時代、友人とキョウドウ生活を送った。
ア　協働　イ　共同　ウ　協同　エ　教導

③会社の賃金タイケイが大きく改まった。
ア　体型　イ　体系　ウ　大計　エ　体形

④和歌はテイケイ詩の一種である。
ア　提携　イ　定形　ウ　定型　エ　定系

⑤役員会の決定にはイギが出なかった。
ア　意義　イ　異義　ウ　威儀　エ　異議

⑥この二者にはイドウは認められない。
ア　移動　イ　異同　ウ　異動　エ　医道

⑦自然界全てにあてはまるフヘン的な法則を探す。
ア　不偏　イ　不変　ウ　普遍　エ　不返

⑧偶然知り合った画家にシジして絵を描き始めた。
ア　師事　イ　指示　ウ　支持　エ　私事

⑨社長の責任をツイキュウする。
ア　追究　イ　追求　ウ　追及　エ　追窮

⑩販売タイショウを明確にして商品を開発する。
ア　対照　イ　対象　ウ　対称　エ　大賞

## 問4　文中の誤った漢字を正しい漢字に書き改めよう。　知識・技能　12点〈各2点・完答〉

① 日の光が刺す。　□→□

② 計画を前に勧める。　□→□

③ 薬がよく聞く。　□→□

④ 中庭で卒業写真を取る。　□→□

⑤ 乱れた服装を調える。　□→□

⑥ 起きるにはまだ速い。　□→□

## 問5　正しい方の記号に〇印をつけよう。　知識・技能　20点〈各2点〉

① 誘拐は、幸運なことに（ア　末遂　イ　未遂　）に終わった。

② 姉は（ア　緑側　イ　縁側　）で猫と遊んでいる。

③ 造反を（ア　画策　イ　画作　）していると疑われた。

④ 両者の実力は（ア　伯中　イ　伯仲　）している。

⑤ 武力による（ア　紛争　イ　粉争　）を避ける。

⑥ 親戚のために（ア　便宜　イ　便宣　）を図ることにした。

⑦（ア　危倹　イ　危険　）なので機械に触らないでください。

⑧（ア　親不孝　イ　親不幸　）してきたことを反省する。

⑨ 生徒会役員に（ア　立候補　イ　立侯補　）する。

⑩ 給料を地道に（ア　貯蓄　イ　貯畜　）しておく。

▼慣用表現　本書 P.14～15・132～135

## 問6　次の文中の□に当てはまる漢字を書こう。　知識・技能　20点〈各2点〉

① 四苦□苦しながら、なんとか課題をやり終えた。

② 人の好みというものは十人□色だ。

③ 共犯者と□裏を合わせる。

④ 結果に一喜□憂するだけではいけない。

⑤ 料理上手の父が□をふるったごちそう。

⑥ 絶□絶命だと思われたが、なんとか逃れられた。

⑦ テストの点がよかったことを□にかける。

⑧ 強力な味方を得て、不安は雲散□消した。

⑨ 心□一転して、新しい趣味を始める。

⑩ これほどの作品は、一□一夕に作れるものではない。

レッスン2 整った文を書く(1)

# 係り受けを整える

学習日 月 日

解答 P.8~9

検印

係り受けが正しく対応していないことを「文がねじれている」という。ねじれた文を避けるようにしよう。

◆主語―述語の対応の乱れ

× 私の趣味は 週末に公園でジョギングを します。

○ 私の趣味は 週末に公園でジョギングを することです。

◆副詞の呼応の乱れ

副詞は、特定の語と対応することがある。

なぜ・どうして → ~か

もし・かりに → ~なら・~たら

たとえ → ~しても・~でも

まるで・あたかも → ~のようだ

おそらく・たぶん → ~だろう

決して・まったく → ~ない

まさか・よもや → ~ないだろう・~まい

## 基本ワーク

解答 P.8

知識・技能

次の①~⑩は、係り受けに問題がある文の例である。整った文になるように修正しよう。

① 休日は図書館に行ったりプールに行って過ごす。

② 今年の目標は、毎朝ジョギングを続けようと思う。

③ 決して秘密が外部に漏れることは避けると約束する。

④ 宿題や書類を提出しなければならない。

⑤ 館内での会話をするのはお控えください。

⑥ たとえ反対派の意見が大きくなったら、計画変更もあり得る。

⑦ この公園でのボールを使用することは禁止されている。

⑧ 私の夢は、歌手になり、私の歌声でみんなを魅了したい。

⑨ 彼女は几帳面な性格なので、部屋がよく整理している。

⑩ これだけ勉強したのだから、必ずしも合格する自信がある。

---

### ◆「〜たり」など、列挙の乱れ

× 彼は新聞を読んだりテレビを見た。

○ 彼は新聞を読んだりテレビを見たりした。

〈その他の例〉

・宿題とか習いごととか、やることが多い。

・足がしびれるやら眠いやらで、つらかった。

・人に聞くなり、辞書で調べるなりしなさい。

### ◆修飾語と被修飾語の対応の乱れ

× ここでの（連体修飾語）→花火をする（用言）ことは禁止されている。

○ ここで（連用修飾語）→花火をする（用言）ことは禁止されている。

○ ここでの（連体修飾語）→花火の使用（体言）は禁止されている。

### ◆自動詞・他動詞

・ドアが（主語）閉まる（自身の働き）。……自動詞

・ドアを（対象）閉める（他に対する働きかけ）。……他動詞

**確認ワーク** 解答 P.9

**1** 次の①～⑫は、係り受けに問題がある文の例である。——線部を修正しよう。 知識・技能

① 私の希望は、いつか教育に関わる仕事に就きたい。

② 私たちに必要なのは、激変する世界情勢に柔軟に対応しなければならない。

③ もしこのまま環境破壊が進むことで、人類の生存が危うくなる。

④ 私はその三日間、会合にはまったく欠席した。

⑤ 散歩をしたり本を読んで休日を過ごした。

⑥ 花やら果物など、とにかくたくさんの見舞いの品が届いた。

⑦ 本を読むか音楽を聞くなり自由に過ごしてください。

⑧ 若い母親に向けて支援の必要性が認識されてきた。

⑨ 公共の場で喫煙は、いずれ禁止されるだろう。

⑩ 異文化交流におけるまず必要なのは、多様性の肯定である。

⑪ 地球環境保護のため、各国の力を集まる必要がある。

⑫ このペットボトルには一リットルの水が入れる。

**2** 次の①～⑫は、係り受けに問題がある文の例である。整った文になるよう修正しよう。 知識・技能

① 今後は計画の方針を大きく変わる必要がある。

② クラス全員の納得をさせることは簡単ではなかった。

③まるで雪が降り積もったのだろうか、一面真っ白だった。

④できるだけ食事をしたり散歩をして、体を動かすのがよい。

⑤あれだけ練習をしたのだから、試合では決して勝つはずだ。

⑥日本における伝統的な弓射文化を総称して「弓道」と呼ばれる。

⑦頭の中だけの抽象的にボランティアについて考えても、現場の様子は実感できない。

⑧多くの人の考えを実効性のある一つの計画へとまとまるのは、有意義なことだ。

⑨喜んでいいのか悲しんでいいのやら、自分でも判断がつかなかった。

⑩今後の課題は、子育て世代への支援を充実させるべきだ。

⑪情報に関する技術は、急速な、そしてドラマティックに進歩した。

⑫私たちは、これ以上の被害の拡大はまさか起きにくいと考えていた。

レッスン2　整った文を書く(2)

# 文末表現の統一

**基本ワーク**　解答 P.10　知識・技能

次の①〜⑧は、不自然なところのある表現である。自然な表現になるよう修正しよう。

① 君は学生なのですから、アルバイトより学業を優先すべきである。

② 地球温暖化は深刻な状況だ。しかし、その対策は遅れています。

③ 週末に買い物に出かけましたところ、先生にばったり出会った。

④ 体を動かすことは好きですが、水泳はあまり好まない。

学習日　月　日　検印

解答 P.10

◆二つの文体──常体と敬体

文章を書くときには、原則として、全体を常体か敬体かに決め、統一するようにする。

常体…「〜だ。」「〜である。」という文末表現。簡潔な印象や、格調高い印象を与える。

他人への思いやりが大切だ。
環境にもっと配慮すべきである。
今後は、さらに国際化が進む。
意見の完全な一致は難しい。

敬体…「〜です。」「〜ます。」という文末表現。丁寧で親しみやすい印象を与える。

他人への思いやりが大切です。
環境にもっと配慮すべきです。
今後は、さらに国際化が進みます。
意見の完全な一致は難しいです。

★「難しい」などの形容詞を敬体にした表現には、「難しゅうございます。」といった「……うございます。」の形もある。

⑤ 夢を語るのはかまいませんが、実現するための努力が必要だろう。

⑥ その話は抽象的過ぎる。もっと具体的に説明してくれませんか。

⑦ にわか雨が降ってきた。軒下で雨宿りをしました。雨がやむと虹が出た。

⑧ 古い建物には風情があるが、問題もある。その一つが、冷暖房が備わっていないということです。

---

## ◆文末表現（文体）の統一

原則として、文章全体を常体か敬体のどちらかに統一して書く。

例1

× 兄は内向的ですが、姉は社交的である。

**常体で統一**

○ 兄は内向的だが、姉は社交的である。

**敬体で統一**

○ 兄は内向的ですが、姉は社交的です。

例2

× 父の趣味は園芸である。週末はずっと庭で作業をしています。

**常体で統一**

○ 父の趣味は園芸である。週末はずっと庭で作業をしている。

**敬体で統一**

○ 父の趣味は園芸です。週末はずっと庭で作業をしています。

**★文の途中では、敬体にそろえない場合もある。**

例 きちんと朝食を食べると、頭もよく働きます。

## 確認ワーク

解答 P.10

**1** 次の①〜④で、常体の表現の特徴にはA、敬体の表現の特徴にはBを選び、記号で答えよう。　知識・技能

①「〜だ。」「〜である。」という文末になっている。（　）
②「〜です。」「〜ます。」という文末になっている。（　）
③一般に丁寧で親しみやすい印象の表現となる。（　）
④一般に簡潔で格調高い印象の表現となる。（　）

**2** 次の①〜⑤の文が常体ならばA、敬体ならばBを選び、記号で答えよう。　知識・技能

①環境の整備が急がれる。（　）
②日本では少子化が進んでいます。（　）
③早急な対策が必要です。（　）
④柔軟に対応することが大切である。（　）
⑤若者の精神は予想以上に健全だ。（　）

**3** 次の①〜⑤の――線部を、常体の表現に書き改めよう。　知識・技能

①何事にも計画が必要です。
②計画は順調に進んでいます。
③このまま進めましょう。
④きっと成功するはずです。
⑤危険は避けられません。

**4** 次の①〜⑤の――線部を、敬体の表現に書き改めよう。　知識・技能

①研究に専念する。
②これは重要な問題だ。
③開発が進んだ。

④ 計画を練りなおそう。

⑤ 手軽な方法はない。

**5** 次の各文を（　）の表現に統一し、書き改めよう。　知識・技能

① 雨はやんだが、風はまだ強いということです。（敬体）

② 父は賛成してくれたが、母からは反対されました。（常体）

③ 実験が終わりましたら、結果を報告する予定だ。（常体）

④ 準備は進んでいますが、まだ万全とは言えない。（敬体）

⑤ 環境保護運動は盛んになりましたが、自然破壊を止めることは、まだできていない。（敬体）

⑥ 高齢化が進んでいます。これは重大な問題だ。（敬体）

⑦ 石油などの地下資源には限りがある。そのため、新たなエネルギー源を探さなければなりません。（常体）

レッスン3 相手に応じた言葉遣い(1)

# 和語・漢語・外来語

学習日　　月　　日

解答P.11

検印

和語、漢語、外来語は、それぞれニュアンスや使われる場面・文脈が異なる。それぞれ、どんな言葉があるか、どんな場面・文脈で使われるか、考えてみよう。

### ◆和語

日本で古くから使われていた、日本固有の言葉。「やまとことば」とも呼ばれる。日常生活の中で使われる基本的な言葉が多い。漢字で書かれていても訓読みで読む言葉は和語。助詞や助動詞なども和語。

→柔らかい、優しい、和風（日本的）、…

〈例〉山　川　海　優しい　かわいい
読む　生きる　は　です　まで　だから

### ◆漢語

漢字で書かれ、音読みで読む言葉。中国から伝わってきたものが中心だが、日本で作られた言葉もある。熟語になっているものが多い。改まった場面、改まった文章などで用いられる傾向がある。

→簡潔、力強い、論理的、公的な、堅い、…

〈例〉山岳　河川　家屋　読書　学習
歩行　会話　優美　高低　広大

## 基本ワーク

解答P.11

知識・技能

次の例文について、それぞれの場面を想像しながら、空欄に最も適する語を〔　〕から選んで補いなさい。

〔夕めし・夕食・ディナー〕

① フレンチレストランの［　　］コース。

② 食堂で［　　］を取ってから帰宅する。

③ ［　　］、うちで食べて行けよ。

〔速さ・速度・スピード〕

① 完成に向けて［　　］アップを図る。

② ［　　］を落として走行する。

③ 足の［　　］は平均的だ。

〔替える・変更する・チェンジする〕

① 陳列棚の商品を並べ［　　］。

② ハーフタイムを挟んでコートを［　　　］。

③ 計画の内容を［　　　］。

## ■ 和語から漢語へ

**基本ワーク** 解答 P.11 知識・技能

**次の和語を漢語に言い換えよう。**

〈例〉 調べる→調査する　いっぱい→大量に　同じ点→同一点、共通点

① たくさん［　　　］
② すごく［　　　］
③ ちょっと［　　　］
④ 調べる［　　　］
⑤ 使う［　　　］
⑥ 比べる［　　　］
⑦ 謝る［　　　］
⑧ この間［　　　］

⑨ 増える［　　　］
減る［　　　］
⑩ 売る［　　　］
買う［　　　］
⑪ よくなる［　　　］
悪くなる［　　　］
⑫ 違う点［　　　］

---

**和製漢語（日本で作られた漢語）**

自由　社会　哲学　演説　科学

**注意** **漢語は同音異義語（同じ音で意味の異なる語）が多く、耳で聞くとわかりにくいことがある。状況に応じて、和語で言い換えると意味が通じやすい。**

〈例〉 シコウ（思考・試行）➡考える・試しに行う
カレイ（加齢・華麗）➡年をとる・華やか

### ◆外来語

**外国語、主に欧米の言葉から採り入れられて日本語になった言葉。普通は片仮名で表記する。**

→欧米の雰囲気、現代的、新しい、スマート、…

〈例〉 パン　ボタン　オルゴール　ペン
コンピューター　ジュース　ワイン

**和製外来語（外来語をもとに日本で作られた言葉）**

ハンドル　テイクアウト　レンジ
ベビーカー　フライドポテト

**外来語の漢字表記**

硝子（ガラス）　釦（ボタン）
檸檬（レモン）　浪漫（ロマン）
瓦斯（ガス）　麦酒（ビール）
紐育（ニューヨーク）　倫敦（ロンドン）

## 確認ワーク

解答 P.11

**1** ――線部が和語ならばA、漢語ならばB、外来語ならばCと答えよう。 知識・技能

① このチームは守りが堅いことで有名だ。 □
② 決勝戦ではすばらしい攻防が見られた。 □
③ 両チームともフェアプレーの精神に富んでいた。 □
④ 時代が進むにつれ、社会も変化していく。 □
⑤ 中学校時代の友達と遊園地に行った。 □
⑥ この世の中にはさまざまな人が暮らしている。 □
⑦ 子供たちは公園で元気に遊んでいる。 □
⑧ たくさんの人が広場に集まってきた。 □
⑨ 作業の進捗状況を報告する。 □
⑩ ニンジンとダイコンをトリ肉といっしょに煮込む。 □

**2** ――線部の和語を、意味が大きく変わらないように漢語を使って書きかえよう。 知識・技能

① 参加の無理強いは適切ではない。 □
② 少年時代からの願いがかなった。 □
③ 教師が多数の生徒を連れて歩く。 □
④ 土地を売り買いすることを禁じた。 □
⑤ 市の施策はとても効果的だった。 □
⑥ 安い材料を手に入れる。 □
⑦ 不安はすっかり消失した。 □
⑧ いろいろな解決の方法がある。 □
⑨ ふさわしい対応をとる。 □
⑩ ひろびろとした土地を所有する。 □
⑪ 村のならわしに従った行動様式。 □

**3** 次の①～⑤の組のa・bの傍線部は同音異義語である。それぞれ和語を使って書きかえよう。 知識・技能

①
a 会社が従業員を解雇する。
b 小学校時代を回顧する。

②
a 紛争がついに終結する。
b 人々が広場に集結する。

③
a 議事を進行する。
b 神を信仰する。

④
a 苗木が生長する。
b ご静聴ありがとうございました。

⑤
a 優れた詩人を輩出する。
b 二酸化炭素を排出する。

**4** 次の①～③の組のa～cの例文について、それぞれの場面を想像しながら、空欄に最も適する語を〔　〕から選んで書こう。 知識・技能

① 〔つながり・接続・アクセス〕
a インターネットへの［　　］が可能となった。
b 身近な人との心の［　　］を大切にしたいね。
c この二種の装置の［　　］はケーブルで行われる。

② 〔まなびや・学校・スクール〕
a 幼き日の［　　］で日々を思い出す。
b 通学のための［　　］バスも用意されていた。
c 近代になると［　　］教育が広く普及した。

③ 〔調べる・調査する・リサーチする〕
a 水質悪化の原因を［　　］研究班に加わる。
b 閉店時間を［　　］よう母に頼まれた。
c 市場のニーズを［　　］。

レッスン3　相手に応じた言葉遣い(2)

# 話し言葉と書き言葉

学習日　月　日

検印

## 基本ワーク

解答 P.12　知識・技能

次の①～⑩は、話し言葉として使われる場合はあるが、書き言葉としては問題があるものである。適切な表現になるよう修正しよう。

① そういうことになっちゃったんだから、しょうがないよ。

② 部活でめっちゃ忙しいから、バイトやめたい。

③ 怖い話はあんまりだけど、肝試しはすごい好き。

④ 優しいし、おもしろいし、あの人みたくなりたい。

⑤ なんで高齢化が進んでるのかわかんない。

解答 P.12～13

### ◆改まった場面では避けたい表現

日常会話などでよく使われるくだけた表現、俗語や略語などは、改まった場面で用いると不適切な場合がある。

■くだけた表現・俗語

× ～みたいな（～のような）
× ちょっと（少し）
× しょうがない（しかたがない）
× なので（だから・したがって）
× ～だけど・でも（～だが・しかし）
× お母さん（母）
× お父さん（父）

■文法的に誤った表現

ら抜き言葉　…可能の助動詞「られる」から「ら」が抜けた表現

× 見れる（見られる）
× 食べれる（食べられる）
× 着れる（着られる）
× 考えれる（考えられる）

⑥ あのコンビニの店員の態度むかつく。

⑦ うちの母さん口うるさいんで、マジうざい。

⑧ 星があんまきれいくなかったんで、へこんだ。

⑨ 私もこないだ聞いたばっかなんですけど、この話、知ってますか。

⑩ この動画超おもしろい。っていうか見ないヤツって考えれない。

---

**い抜き言葉** …動作の継続を表す補助動詞「いる」の「い」が抜けた表現

× 見てる（見ている）
× 寝てる（寝ている）
× 読んでる（読んでいる）

**さ入れ言葉** …使役の助動詞「せる」の前に余計な「さ」が入った表現

× 読まさせる（読ませる）
× 使わさせていただく（使わせていただく）

**■略語**

× バイト（アルバイト）
× 部活（部活動）
× コンビニ（コンビニエンスストア）
× 自己中（自己中心的）

## 確認ワーク

解答 P.12

**1** 次の①～⑧を、改まった場面で用いる書き言葉に改めよう。 知識・技能

① コンビニでのバイト

② 部活の朝練

③ ファミレスみたいな

④ あんまり食べれない

⑤ 春も夏も着れる激カワ服

⑥ なんでその曲を聞かさせるのか

⑦ ちっとも漫画を読まさせてくんない

⑧ 言いたいことはちゃんと伝わってる

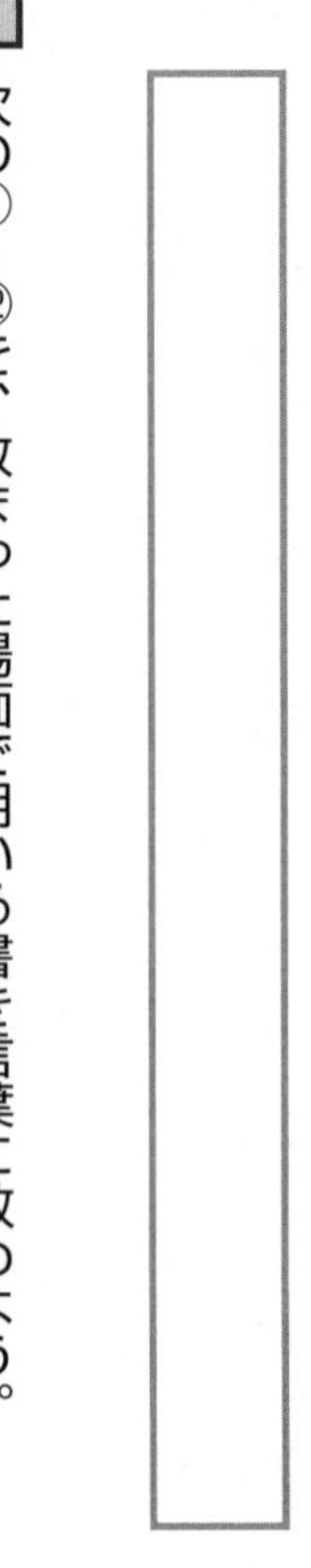

**2** 次の①～⑫を、改まった場面で用いる書き言葉に改めよう。 知識・技能

① 宿題があとちょっとだけ残ってる。

② 見てるだけじゃ、わかんない。

③ 水墨画みたく、ぼやっと見えてた。

④ 今日、うちにおばさんが来るみたい。

⑤ うちのお父さんが問い合わせたけど、返事が来なかったって。

⑥ 俺の姉ちゃんは、クルマで事故ったけど、相手にけがはなかったってさ。

⑦ あたしのおじいちゃんが、「明日は雨になるっぽい。」って言ってた。

⑧ あいつの自己中なとこ、マジむかつく。

⑨ この問題解決すんのは、すっごいムズいんじゃないの？

⑩ 学祭終わっちゃって、なにげに暇で、つまんない。

⑪ その本には、一度壊されちゃった生態系は、二度と元に戻んないって書かれてた。

⑫ この料理、失敗作だっておっしゃってましたけど、全然おいしいじゃないっすか。

レッスン3 相手に応じた言葉遣い(3)

# 敬語を使い分ける

学習日 月 日

解答 P.14~15

検印

## 基本ワーク 解答 P.14 知識・技能

次の①~⑩は、敬語の使い方に問題があるものである。問題がある箇所に傍線を引き、ふさわしい表現に直そう。

① 資料を拝受されましたら、ご連絡ください。

② ご不明な点がございましたら、受付で伺ってください。

③ 明日までに召し上がられてください。

④ (駅のアナウンスで) 間もなく発車です。ご乗車してお待ちください。

⑤ A先生はいつこちらに参りますか。

---

### ◆敬語の三分類

尊敬語 …動作主に対する敬意を表す。

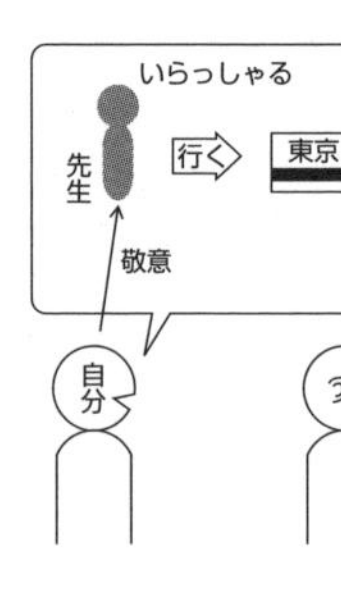


〈例〉
いらっしゃる
召し上がる
お(ご)~になる
お忙しい、ご丁寧

謙譲語 …動作の対象に対する敬意を表す。

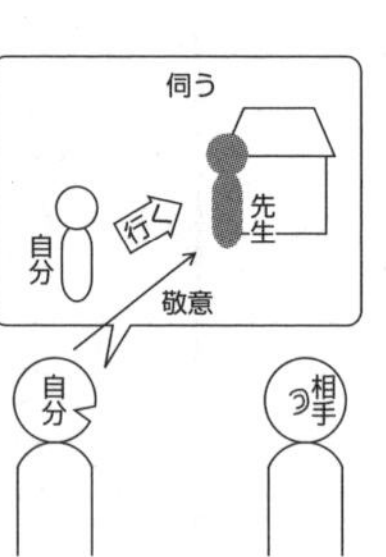


〈例〉
伺う、差し上げる
いただく、承る
お(ご)~する

丁寧語 …相手(聞き手・読み手)に丁寧に伝える。

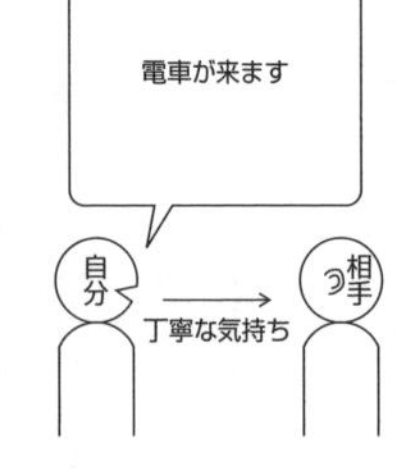


〈例〉
です
ます
ございます

**国語基礎力強化ワーク**(P.138)でさまざまな敬語表現を確認しよう。

⑥ （先生に）これは母が私にくださったものです。

⑦ 先生にどうしてもおっしゃりたいことがあります。

⑧ 先生は私の作文を拝読されて、たいへん評価してくださった。

⑨ 粗品ですがどうぞいただいてください。

⑩ お帰りになられる際は、こちらからどうぞ。

---

**◆誤りやすい敬語**

**① 尊敬語と謙譲語の混同**

**相手や目上の人など、敬意を表したい人の動作には、尊敬語を使う。**

× 先生はもう夕食をいただきましたか。

○ 先生はもう夕食を召し上がりましたか。

**自分や身内の人の動作には、謙譲語を使う。**

× 私は先生の絵をご覧になりました。

○ 私は先生の絵を拝見しました。

**② 高めるべき対象の誤り**

**尊敬語を使うべきでない身内の人やものなどに、尊敬語を使わない。**

× （客に）父は、もうすぐいらっしゃいます。

○ （客に）父は、もうすぐ参ります。

**③ 過剰な敬語**

**敬語動詞に尊敬の助動詞「れる」をつけるなど、複数の敬語を用いない。**

× いらっしゃられる　○ いらっしゃる

× お帰りになられる　○ お帰りになる

○ 帰られる

## 確認ワーク　解答 P.14

**1** 次の説明に当てはまる敬語を、ア〜クから選び、記号で答えなさい。　知識・技能

① 「言う・話す」の尊敬語　（　）
② 「言う・話す」の謙譲語　（　）
③ 「行く・来る・いる」の尊敬語　（　）
④ 「行く・来る」の謙譲語　（　）
⑤ 「見る」の尊敬語　（　）
⑥ 「見る」の謙譲語　（　）
⑦ 「食べる・飲む」の尊敬語　（　）
⑧ 「食べる・飲む」の謙譲語　（　）

ア 拝見する　イ 召し上がる　ウ ご覧になる
エ いただく　オ 申し上げる　カ いらっしゃる
キ おっしゃる　ク 伺う

**2** ――線部の敬語の種類をア〜ウから選び、記号で答えよう。　知識・技能

① 何をお読みになっているのですか。　（　）
② 明日までには必ずお届けするつもりです。　（　）
③ これがわが社の誇る新製品です。　（　）
④ 私は、毎朝六時には起きるようにしています。　（　）
⑤ 拙著へのご感想をいただき、感謝に堪えません。　（　）
⑥ 私は貴校の教育方針に共感しております。　（　）

ア 尊敬語　イ 謙譲語　ウ 丁寧語

**3** 〈例〉にならって、――線部の敬語表現が誰に対する敬意を表しているかを答えよう。　知識・技能

〈例〉田中さんが私にこれをくださった。　［田中さん］

① 佐藤さんは、山本さんのところにいらっしゃる。　［　］
② 吉田さんたちは、先生にお礼の品を差し上げることにした。　［　］
③ 中村さんは川口さんに、「すぐに伺います」と答えた。　［　］

**4** 次の①〜⑨の――線部を、適切な表現に改めよう。　知識・技能

① （ほかの会社の人に）弊社の社長も心配なさっております。　［　］
② 先生の申されることをしっかりと伺いましょう。　［　］

③（客に）お客様、いかがいたしましたか。

④先生は、そのとき何についてお話ししたのですか。

⑤（客に）劇の開始時間は主催者に伺ってください。

⑥注意事項を読んでからご登録してください。

⑦（部下が上司に）部長に確認してもらったら、私も安心できます。

⑧（学生が先生に）先生がお書きになられた本を書店で見ました。

⑨お客様がおっしゃられていた場所を探してみたのですが、何も見つかりませんでした。

**5**〈例〉のように、次の①〜⑥の敬語の使い方に問題がある表現を抜き出し、ふさわしい表現に直そう。　知識・技能

〈例〉私たちは、先生のお宅でご馳走を召し上がった。

召し上がった → いただいた

①はい、父はお客様にそのようにお話しになったはずです。

②先生がわが家を訪問いたしたのは、昨日のことだ。

③母は今、ご在宅しているはずです。

④これは、先生が私たちに差し上げたものです。

⑤私は先月、久しぶりに小学校の先生とお会いになった。

⑥先生は今、どちらにいらっしゃれるのですか。

チャレンジテスト②

# 整った文を書く／相手に応じた言葉遣い

| 解答 | 学習日 | |
|---|---|---|
| P.15 | 月　日 | ／100 |

検印

▼係り受けを整える　本書 P.18〜21

問1　次の——線部を、係り受けが整うように書き改めよう。　知識・技能　24点〈各4点〉

① 私の目標は、漢字検定二級に合格することを目指しています。

② たとえ非常識に見えたとしたら、誤りであるとは限らない。

③ どれが正しいのやら間違いなのか、さっぱりわからない。

④ 決して思い込みで物事を判断するのは控えるべきだ。

⑤ ここへの立ち入ることは禁止されている。

⑥ この作品に、私は「生きることの意味」について考えさせた。

▼文末表現の統一　本書 P.22〜25

問2　次の——線部を、常体は敬体に、敬体は常体に書き改めよう。　知識・技能　12点〈各4点〉

① 歩いている人に尋ねたら、道を教えてくれた。

② まだ開発途中だが、これが、わが社の新製品です。

③ 説明がとてもわかりやすかったので、疑問点はない。

▼和語・漢語・外来語　本書 P.26〜29

問3　次の語句について、和語はA、漢語はB、外来語はCを選び、記号で答えよう。　知識・技能　12点〈各2点〉

① 正月〔　　〕　② ペン〔　　〕　③ 夕日〔　　〕

④ 樹木〔　　〕　⑤ 七夕〔　　〕　⑥ カバン〔　　〕

問4　次の――線部を、漢語を使った表現に書き改めよう。　知識・技能　16点〈各4点〉

① 製品の質が少しよくなった。

② 僕には、二つの違いがわからない。

③ 悪天候で建設作業が滞っている。

④ 地図で場所を確かめる。

▼話し言葉と書き言葉　本書 P.30〜33

問5　次の――線部を、〈例〉にならって改まった表現に書き改めよう。　知識・技能　12点〈各4点〉

〈例〉私も、母みたく楽天的になりたい。→ 母のように

① 彼がそんなことをするなんて考えれない。→

② 一度失敗したってだけで、あまりくよくよしてはいけない。→

③ その辞書を使わさせていただけますか。→

▼敬語を使い分ける　本書 P.34〜37

問6　次の――線部が正しければ○、間違っていれば□に正しく直そう。　知識・技能　12点〈各3点〉

① わたくしがその荷物をお持ちします。

② そちらには、私の叔父さんが参ります。

③ 先生がお書きになった本を拝見しました。

④ 弊社の社長から、皆様にご挨拶なさいます。

問7　次の――線部を、正しい敬語表現になるように直そう。　知識・技能　12点〈各4点〉

① 会場へは五時までにご来場してください。

② いつ、こちらにいらっしゃられたのですか。

③ これがお客様にいただいてもらう料理だ。

レッスン4　わかりやすい文を書く(1)

# 長すぎる文を短文に

学習日　月　日

検印

解答 P.16

## ◆句読点（句点と読点）

句点…「。」一文の終わりに打つ点。
読点…「、」一文の途中の意味の切れ目に打つ点。

## ◆一文を短く

長すぎる文は読みにくい。一文を短くすることで、主語と述語が近くなり、わかりやすい文になる。

(1) 一文の長さに決まりはないが、おおむね六〇字以内を目安にする。
(2) 「が、」でつながっている長い文は、そこで句点が打てないか考える。
(3) 必要に応じて、句点で区切った後に接続表現（P.48）を加える。

**例**

喫茶店でコーヒーとケーキを注文して席に座り、文庫本を開いて読み始めたが、いつまでたっても品物が来ないので店員を呼び、催促した。

↓

喫茶店でコーヒーとケーキを注文して席に座り、文庫本を開いて読み始めた。ところが、いつまでたっても品物が来ないので店員を呼び、催促した。

## 基本ワーク

知識・技能

次の①②をいくつかの文に分け、読みやすくしよう。

① 吹奏楽部の大会が近付いてきたので、早朝練習をすることになったが、初日から寝坊してしまい、急いで練習に向かったものの、到着したときにはすでに練習がはじまっていて、こっそり参加しようと思ったが、ある部員が私に気付いて「おはよう！」と声を掛けてきたので、私が遅刻したことが皆に知られてしまった。

② 図書委員会の活動の一環として、図書室の利用状況についてのアンケートを実施しますが、集計結果は今後の図書室運営に生かし、「図書だより」で皆さんにもお知らせしたいと思いますので、お忙しい中とは思いますが、どうかご協力のほどよろしくお願いいたします。

## 確認ワーク

### 1 〈例〉にならって、次の①②の文を区切り、二つの文にしよう。 知識・技能

〈例〉

新しい車をローンを組んで購入~~したものの~~（した。ところが、）仕事が忙しくて乗る時間がほとんどない。

① 友人は人生の財産だと聞いたことがあるが、私は長い間、その言葉を実感できずにいた。

② 新聞やテレビには、情報が一方通行でしか流れないという欠点があるが、インターネットの情報よりも信頼できる、という長所もある。

### 2 次の文をいくつかの文に分け、読みやすくしよう。 知識・技能

今日こそは部屋の掃除をしようと思っていましたが、つい、だらだらとテレビを見てしまい、午後四時になってから、掃除を始めましたが、棚の中を整頓しようと本を出したところで、母に用事を頼まれ、それが終わると、もう、掃除を続けるのが嫌になってしまい、来週こそ朝から掃除を始めようと思いました。

レッスン4 わかりやすい文を書く(2)

# 読点を効果的に使う

学習日 月 日

解答 P.17

検印

## 基本ワーク

次の文章の適当な箇所に読点を打ち、読みやすくしよう。 知識・技能

① 昨日の夕飯には祖母から教えてもらったカレーを作りました。にんじんたまねぎじゃがいもなどの野菜をたっぷり入れて隠し味にチョコレートも入れます。さらにゆで卵も添えたところ彩りがよく栄養バランスも取れたカレーができました。

② 江戸時代に松尾芭蕉（ばしょう）によって書かれた「おくのほそ道」は元禄（げんろく）二（一六八九）年三月に江戸を出発し関東東北北陸を経て同年九月に大垣に至るまでの約二四〇〇キロメートル約五か月にわたる旅日記である。紀行文と発句から成るこの作品は現代の私たちの心にも響くものがある。そこでここでは「おくのほそ道」の魅力について解説したい。

■読点とは?

意味の切れ目を示し、文を読みやすくする役割をもつ符号。「、」のこと。

■読点を打つ目安

読点を打つ位置に明確な決まりはないが、次のような点に注意して読点を打つようにしよう。

1 意味の切れ目に打つ

〈例〉

・父が畑へ行くと、少年はこっそりと家を抜け出した。

・コンピュータは情報を正確に処理することだけでなく、それをきわめて素早く行うこともできる。

※二文に分けられる箇所や、読むときに間をとる箇所を考えよう。

2 並列で語句を並べるときに打つ

〈例〉

・仕事、家事、趣味のどれにも真剣に取り組んでいる。

・形、色、大きさのすべてが、私の希望にぴったり

**確認ワーク** 知識・技能

〈例〉のように、①〜⑤の文中に読点を打ち、読みやすくしよう。（　）内の数字は、書き入れる読点の数。

〈例〉森の力が失われると、川や海の元気もなくなっていく。（1）

① 私は予想外の結果にがっかりしてとぼとぼと駅へと向かった。（1）

② この方法には効果が期待できる上に手軽だという利点がある。（2）

③ 以前から存在していた新聞テレビラジオなどのメディアはインターネットの普及によって大きな影響を受けている。（3）

④ 実験の手順にミスはなかった。しかし思っていたような結果が出なかったということは仮説が間違っていたということだ。（2）

⑤ 人間は太古の昔から社会を作って暮らし自分たちの社会の発展を目指してきた。したがって人間は社会的な動物だといえる。（2）

---

合っていた。

※並列になっていることは、入れ換えても意味が変わらないことで確かめられる。

**3 接続表現の後に打つ**

〈例〉

・したがって、この問題は解決困難ではない。

・しかし、作業は思ったようには進まなかった。

**4 長い主語の後に打つ**

〈例〉

・平安時代中期の物語の代表作として知られる源氏物語は、その後の日本文学に大きな影響を与えた。

・多くの人の協力によってようやく建てられたこの図書館は、住民に長く愛されることだろう。

レッスン4 わかりやすい文を書く⑶

# あいまいな文を避ける

学習日 月 日

解答 P.17〜18

検印

## 基本ワーク

知識・技能

次の文はあいまいな文である。それぞれどのような解釈ができるかを考えてみよう。また、あいまいではない文になるように書き換えてみよう。

① 母親は泣きながら走る息子を見つめていた。

② 彼は兄に自分の車を運転してほしいと言った。

③ 妹は姉と同じようにうまく歌うことができなかった。

## 確認ワーク

**1** 次の文は、どのような点があいまいか。〈例〉のように説明しよう。 知識・技能

〈例〉 私は急いで部屋から逃げた妹を追いかけた。
急いでいるのが「私」なのか「妹」なのかがあいまい。

### ■「あいまいな文」とは……

何通りにも解釈できるような文を「あいまいな文」と呼ぶ。あいまいな文は、意図が正しく読み手に伝わらないので避けるようにしよう。

・彼女は黙ってコーヒーを飲む恋人の口元を見つめていた。

解釈①
彼女は黙ってコーヒーを飲む恋人の口元を見つめていた。
→黙っているのは「恋人」。

解釈②
彼女は黙ってコーヒーを飲む恋人の口元を見つめていた。
→黙っているのは「彼女」。

### ■あいまいな文を避けるために

⑴ 読点を打つ
読点で、関連づけたくない要素を切り離す。

・彼は笑って話をする妹の様子を見ていた。
笑っているのが、「彼」か「妹」かがあいまい。

A 彼は、笑って話をする妹の様子を見ていた。
→「妹」が笑っている。

B 彼は笑って、話をする妹の様子を見ていた。
→「彼」が笑っている。

私はふるえながら雨の中でうずくまる犬を見ていた。

**2** 次の①〜③はあいまいな文である。それぞれどのような解釈ができるかを考え、あいまいではない文になるように書き換えよう。 知識・技能

① 彼はほほえみながら絵を眺めている友人に語りかけた。

② 父は友人に自分の時計を持っていったほうがよいと言った。

③ 今回の作品は前作のように早くできない。

---

⑵ 語順を変える

修飾語は被修飾語（その修飾語が係る文節）のなるべく近くに置く。主語は述語のなるべく近くに置く。

・友人は楽しそうに公園で遊ぶ子供を見ていた。

楽しそうにしているのが、「友人」なのか「子供」なのかがあいまい。

A 友人は公園で遊ぶ子供を楽しそうに見ていた。
→楽しそうなのは「友人」。

B 公園で楽しそうに遊ぶ子供を友人は見ていた。
→楽しそうなのは「子供」。

⑶ 表現を変える

会話部分に「　」をつけたり、あいまいさを生じる言葉をほかの表現に変えたりする。

・師は弟子に自分の刀を使うよう命じた。

A 師は弟子に「私の刀を使え」と命じた。

B 師は弟子に「お前の刀を使え」と命じた。

・私は母と同じように料理はできない。

A 私も母と同じで料理はできない。

B 私は母ほど料理が上手ではない。

チャレンジテスト③

# わかりやすい文を書く

| 解答 | P.18 |
|---|---|
| 学習日 | 月　日 |
| | ／100 |
| 検印 | |

## ▼長すぎる文を短文に

本書 P.40〜41

**問1　次の文を二つに区切って書き改める場合、どこで区切るのが最も適切か。記号で答えよう。**　知識・技能　8点

人類の活動が自然環境を脅かし、（ア）その結果、人類の存続自体が危ぶまれるという事態が生じているため、（イ）今後は、人類の活動を何らかの形で抑制する（ウ）方策を考える必要があるだろう。

**問2　次の文を区切って適切な接続表現を補い、二つの文にしよう。**　知識・技能　8点

失敗することは必ずしも悪いことだとは言えないのは、失敗が教訓となり、その教訓に学ぶことで次は成功するということがあるからである。

## ▼読点を効果的に使う

本書 P.42〜43

**問3　〈例〉にならって、読点を打つのが適切な箇所を記号で答えよう。（ただし、【　】内は、打つべき読点の数を示す。）**　知識・技能　20点〈各10点・完答〉

〈例〉日本と他国との間には（ア）政治的な関係があると（イ）同時に（ウ）常に経済的な（エ）結びつきも存在している。【2つ】　ア・ウ

① 長く暗黒大陸と呼ばれてきた（ア）アフリカに降り立ってみると（イ）実はそこが（ウ）太陽の輝く明るい大地であることが（エ）強い実感をもって（オ）迫ってきた。【2つ】

② 自国の芸術や文化（ア）慣習などと異なるものを見たとたん（イ）それを「変なものだ」と否定することしか（ウ）できないとしたら（エ）あなたの視野は決して広いとは（オ）言えないでしょう。【3つ】

## ▼あいまいな文を避ける

本書 P.44〜45

**問4　次の文にはあいまいなところがある。どんな点があいまいなのか、その説明として最も適切なものを後から選び、記号で答えよう。**

知識・技能　16点〈各8点〉

① 母は黙ってそのベッドに寝ている娘の顔を見つめた。

ア 「黙って」いるのが「母」なのか「娘」なのかがあいまいである。

イ 「寝ている」のが「母」なのか「娘」なのかがあいまいである。

ウ 「母」が「見つめた」のが「ベッド」なのか「娘の顔」なのかがあいまいである。

② 父は自分が決めたルールを守るよう私に説いた。

ア 「父は」が「決めた」に係るのか「守る」に係るのかがあいまいである。

イ 「決めた」が「ルールを」に係るのか「守るよう」に係るのかがあいまいである。

ウ 「自分」が「父」を指すのか「私」を指すのかがあいまいである。

**問5　次の文を、【　　】内のように解釈できるよう読点を打つとすると、どこに打つのが最も適切か。記号で答えよう。**

知識・技能　16点〈各8点〉

① 彼は（ア）笑いながら（イ）歩いている（ウ）姉に（エ）声をかけた。**【「彼」が笑っていることがはっきりするように】**

② 私は（ア）妹と（イ）駅へ向かった（ウ）父を（エ）追いかけた。**【「父」と「妹」が一緒であることがはっきりするように】**

**問6　次の文を、A・Bのように解釈できるように、語順を変えて書き換えよう。**

知識・技能　32点〈各8点〉

① 彼女は／静かに／商店街を／通りすぎる／行列を／見つめた。

**A：「彼女」が静かであることがはっきりするように**

彼女は　　　　見つめた。

**B：「行列」が静かであることがはっきりするように**

彼女は　　　　見つめた。

② 市民らは／市長に／その文書を／見せるよう／要求した。

**A：文書を「市民ら」に見せることがはっきりするように**

市民らは　　　　要求した。

**B：文書を「市長」に見せることがはっきりするように**

市民らは　　　　要求した。

レッスン5 文のつなぎ方(1)

# 接続表現でつなぐ

学習日　月　日

解答P.19

検印

## 基本ワーク

知識・技能

**1** 次の①〜⑧の空欄に入る接続表現を考えよう。

① 行ってみたい国がたくさんある。□、イタリア、スペインなどだ。

② のどがからからだ。□、暑い中坂道を駆け上がったからだ。

③ 私の話は以上です。□、質疑応答に移ります。

④ この店の料理はどれも安い。□、とてもおいしいのだ。

⑤ 面接の結果は、電話、□、メールでご連絡いたします。

⑥ がんばって勉強した。□、クラスで一位になった。

⑦ 言葉には出さないが目標は達成する。□、不言実行だ。

⑧ 話題の映画を観に行った。□、期待したほど感動しなかった。

### ◆接続表現の種類と働き

(1)**順接**　…**だから、それで、すると**

・寝坊した。だから、遅刻した。

(2)**逆接**　…**しかし、だが、けれども**

・猛勉強した。しかし、結果は悪かった。

(3)**添加・補足**　…**しかも、そのうえ、なお、ただし**

・漢字の小テストがあった。しかも、計算問題のテストもあった。

(4)**選択・対比**　…**または、もしくは、あるいは**

・郵便または宅配便で送ってください。

(5)**要約・言い換え**　…**つまり、すなわち、要するに**

・食べることは、すなわち、生きることだ。

(6)**転換**　…**では、ところで、さて**

・自己紹介が済みました。では、本題に入ります。

(7)**理由**　…**なぜなら**

・優勝したのは当然だ。なぜなら、それだけの練習を積んだのだから。

(8)**例示**　…**例えば、例を挙げると**

・この店には珍しい果物が並んでいる。例えば、ドリアン、マンゴスチン、ランブータンなどだ。

## 2 次の①②の文に、後に挙げた接続表現をつなぎ、それぞれに続く文を考えてみよう。 知識・技能

① 午前中はずっとサッカーの練習をしていたので、お腹がすいた。

だから、

しかし、

しかも、

② 評論文に出てくる言葉を辞書で引いてみた。

例えば、

なぜなら、

すると、

けれども、

## 確認ワーク 知識・技能

次の①〜⑧の空欄にあてはまる言葉を語群から選び、記号で答えよう。

① 東京から九州へ行くには、飛行機、[　]、新幹線を使う人が多い。

② 説明は以上です。[　]、質問があれば挙手してください。

③ 必死で練習した。[　]、試合で良い結果が出せた。

④ ここには大型の草食動物がたくさんいる。[　]、ゾウやカバなどだ。

⑤ その日学校を休んだ。[　]、風邪をひいたからだ。

⑥ いろいろと問題が生じた。[　]、なんとかうまくいった。

⑦ 落語は江戸時代から続く話芸だ。[　]、伝統芸能の一つだ。

⑧ あの人は非常に誠実だ。[　]、ユーモアもある。

〈語群〉 ア あるいは　イ しかし　ウ では　エ だから
オ そのうえ　カ つまり　キ たとえば　ク なぜなら

レッスン5 文のつなぎ方(2)

# 文脈でつなぐ

## 基本ワーク

知識・技能

接続表現以外の要素にも着目して次の文を並べ換え、意味が通る文章にしよう。また、そのように並べ換えた理由を説明してみよう。

ア　しかし、それらをはねのけるように私は走り出した。
イ　外に出ると風も強いではないか。
ウ　これなら、明日からも続けられそうだと思った。
エ　はじめは辛かったが、だんだん楽しくなってきた。
オ　目覚まし時計の音で起きたが、まだ眠い。

□→□→□→□→□

〈並べ換えた理由〉

学習日　月　日

解答 P.20

検印

### ◆文脈による接続

接続表現だけでなく、次の点にも着目して、文をつなぐようにしよう。

1 指示する語句

指示する語句の指示内容は、指示する語句の前にあることが多い。とりわけ、直前にある語句を指すことが多い。

←指示する語句に着目して文をつなぐ。

〈指示する語句の例〉

| | | | |
|---|---|---|---|
| これ | それ | あれ | どれ |
| ここ | そこ | あそこ | どこ |
| こちら | そちら | あちら | どちら |
| この | その | あの | どの |
| 前者 | 後者 | 一つは | もう一つは |

2 助詞などによる場合

・彼はいません。学校に出かけたからです。
・リンゴを買った。バナナも買った。

## 確認ワーク　知識・技能

次の①～③の文を並べ換えて意味の通る文にしよう。

①

ア　しかし、私は、それらの「意味ある」読書とは別の読書について語りたい。

イ　例えば、知見を広げることができるし、考えを深めることができる。

ウ　また、本を読むことで、自分の使える語彙を増やすこともできるだろう。

エ　読書には、多くの意味がある。

オ　それは、私が「無駄な読書」と呼ぶタイプの読書だ。

□→□→□→□→□

②

ア　もう一つは砂場でトンネルを掘ることだ。

イ　太郎にはお気に入りの遊びが二つあった。

ウ　いずれにしても一人でやる遊びが好きだった。

エ　一人で遊ぶよりみんなと遊ぶことの楽しさを知ったのだった。

オ　一つは粘土でロボットを作って戦わせること。

カ　だが、幼稚園に入ると、友達との戦いごっこに夢中になるようになった。

□→□→□→□→□→□

③

ア　そして、その二つの流れを統合し、日記文学の特色である内面描写を取り入れて書かれたのが、物語文学の傑作『源氏物語』である。『源氏物語』は光源氏の一生とその子に当たる薫の半生を軸に、多くの女性を絡ませて描いた物語で、全五四帖から成る。

イ　平安時代には、物語が隆盛を極めた。

ウ　それ以降、『浜松中納言物語』『夜の寝覚』『とりかへばや物語』など、『源氏物語』の影響を受けたさまざまな物語が生まれた。

エ　例えば、『竹取物語』や『落窪物語』。これらの物語は虚構と写実とを共有しており、「伝記物語」と呼ばれる。

オ　一方、和歌の叙情性を基盤とする「歌物語」も書かれた。在原業平と思われる男を主人公とした『伊勢物語』などがその例である。

□→□→□→□→□

チャレンジテスト④

# 文のつなぎ方

解答 P.20　学習日　月　日　／100　検印

▼接続表現でつなぐ　本書 P.48〜49

問1　次の□に当てはまる接続表現をア〜エから選び、記号で答えよう。　知識・技能　32点〈各4点〉

① 雨が降り出した。□、風も強くなった。
ア だから　イ しかし　ウ そのうえ　エ ところで

② 行くべきか、□、とどまるべきか、よく考えよう。
ア あるいは　イ 例えば　ウ さて　エ ただし

③ 姉は外出中です。□、私が代わってお話を伺います。
ア ところが　イ そこで　ウ つまり　エ なお

④ 肉食の鳥、□、ワシやタカなどについて研究している。
ア したがって　イ 例えば　ウ または　エ だが

⑤ 寒くなりましたね。□、お父様はお元気ですか。
ア ところで　イ ところが　ウ また　エ または

⑥ 今のところ順調だ。□、油断してはならない。
ア 要するに　イ しかも　ウ しかし　エ すなわち

⑦ 今度は成功するよ。□、失敗の原因は取り除いたからだ。
ア 例えば　イ ただし　ウ つまり　エ なぜなら

⑧ 食事の制限はありません。□、刺激物は避けましょう。
ア だから　イ ただし　ウ 要するに　エ そして

問2　次の接続表現の種類を後から選び、記号で答えよう。（ただし、同じ記号を何度使っても構わない。）　知識・技能　30点〈各3点〉

① さて　② なぜなら
③ 例えば　④ しかも
⑤ もしくは　⑥ すなわち
⑦ 要するに　⑧ あるいは
⑨ そのうえ　⑩ ところで

ア 添加・補足（前のことがらに後のことがらを加える）
イ 選択・対比（ことがらを比較したり選んだりする）
ウ 要約・言い換え（前と同じ内容を後で言い換える）
エ 転換（話題を変える）
オ 理由（前のことがらの理由を後で述べる）
カ 例示（前のことがらの具体例を後で述べる）

問3　次の文章中の[①]〜[⑦]に当てはまる言葉を後から選び、記号で答えよう。（ただし、同じ記号を二度使っても構わない。）

知識・技能　28点〈各4点〉

現在、私たち人類は石油や石炭、天然ガスなどの地下資源を活用して、エネルギーを得ている。[①]、これらの資源は無限には存在しない。[②]、使えばなくなってしまう有限なものなのである。[③]、人類は、いずれ訪れる資源の枯渇に備え、新しいエネルギー源を探さなければならない。

[④]、その新しいエネルギー源を、何に求めればよいのだろうか。やはり有望なのは再生可能エネルギーであろう。[⑤]、風力発電、太陽光発電、地熱発電などである。もちろん、これらが今すぐ、現在の地下資源によるエネルギーに代わることができるわけではない。[⑥]、私は、今後百年、二百年先の未来を考えるならば、再生可能エネルギーには大きな期待が持てると言いたい。[⑦]、再生可能エネルギーに関する研究は、まだ始まったばかりの新しい分野であって、今後の発展が大いに見込まれるからである。

ア　なぜなら　　イ　例えば　　ウ　したがって
エ　しかし　　オ　では　　カ　つまり

①[　]　②[　]　③[　]　④[　]
⑤[　]　⑥[　]　⑦[　]

▼文脈でつなぐ　本書 P.50〜51

問4　次の文を並べ換えて意味の通る文にするには、どのような順番にするのが最も適切か、記号で答えよう。

知識・技能　10点・完答

ア　国際間の紛争を解決するのは、非常に難しいものです。
イ　文化の違いなどから、それぞれの国民がお互いに誤解を抱きやすいのも、その理由の一つでしょう。
ウ　では、いったいどうしたら良いのでしょうか。
エ　なぜなら、それぞれの国に、それなりの言い分があるからです。
オ　なぜ悪化するばかりかと言うと、憎しみが憎しみを生む悪循環が続いてしまうからです。
カ　しかし、難しいからと言って、紛争を放置していたら、事態は悪化するばかりです。
キ　まずは、紛争の当事者ではない、中立の立場の国々が良識をもって和平の機運を高めていくことが求められます。

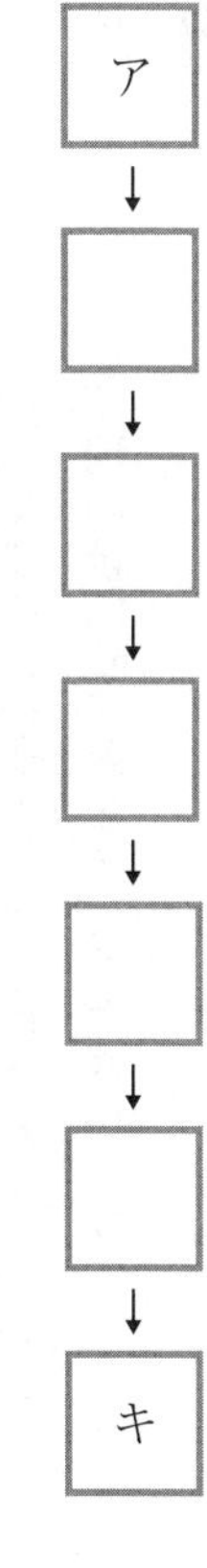

# 実践トレーニング①

「1 言葉と出会う」のまとめ

学習日　月　日

解答 P.21~24

検印

**基本ワーク**

**1** 次の文章を読み、後見返し「原稿用紙の使い方（縦書き）」を確認しながら(1)~(6)の問いに答えよう。 解答 P.21 知識・技能

　地球温暖化や大気汚染などの、地球規模で
取り組むべき環境問題が深刻化している。「
かけがえのない地球」を次世代に引き継ぐた
めに、国際会議やNGO（非政府組織）の活
動などによって、環境問題の悪化を防止する
取り組みが行われている。しかし、最も大切
なのは、私たち一人一人が自分自身の生活を
見直すべきだ。
以前、社会科見学でごみ処理センターを訪れ
たことがある。センターの人にお聞きになっ
たお話しによると、燃えるごみの中に、空き

(1) 原稿用紙の使い方として適切ではない点を三つ、原稿用紙に直接書き込んで指摘しよう。

(2) 主語と述語の対応の乱れを一つ指摘し、修正しよう。

→

(3) 漢字や送り仮名の間違いを四つ見つけ、修正しよう。

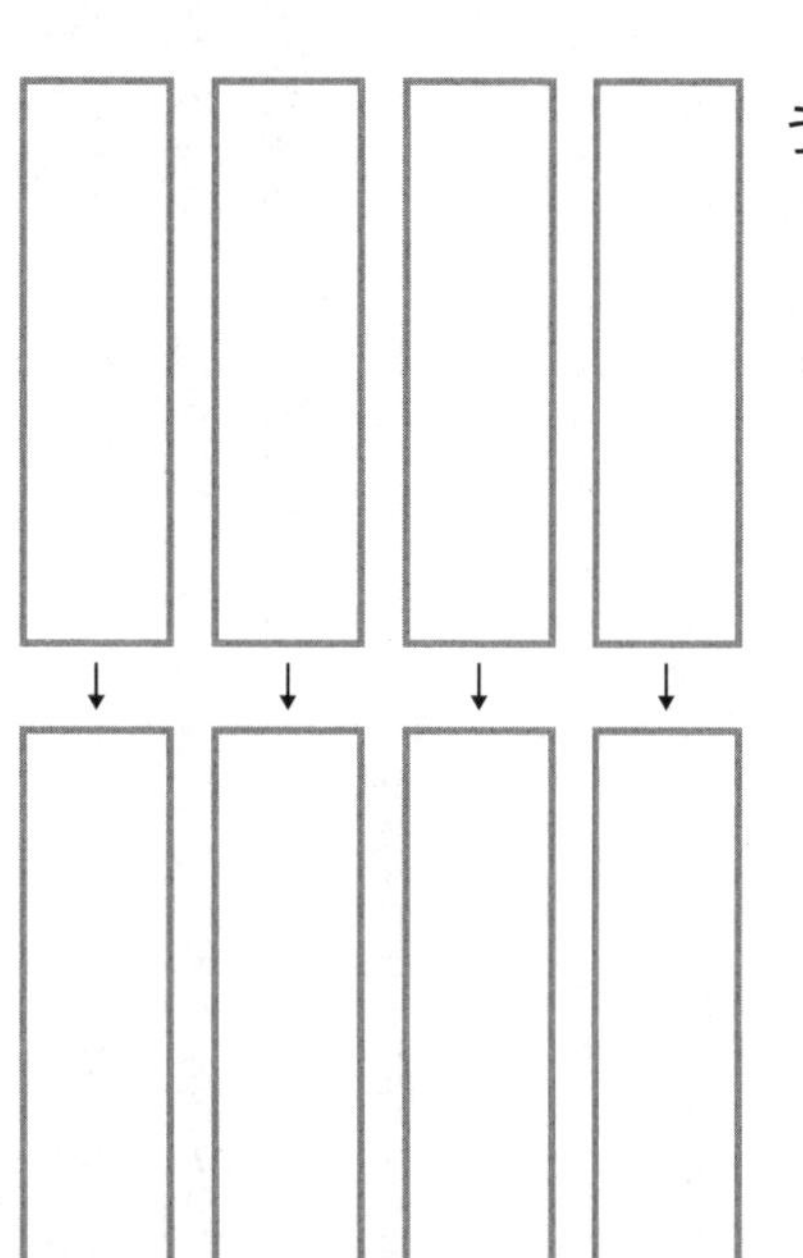

缶ペットボトル金属部品などが混じっていることがあり、それを分別し直すために、膨大な時間と労力が割かれているそうです。燃やせば温暖化の原因となる二酸化炭素や有害な科学物質が発生するプラスチックであっても、今日の技術では大半がリサイクルできる。私たちが少し意識を変えれば、ごみ処理センターで働らく人々の負担を減らし、地球の負担も減らすことができるのだと実感した。

(4) 文末表現が統一されていないところを一つ指摘し、修正しよう。

［　　　］←［　　　］

(5) 敬語の誤りを一つ指摘し、正しい敬語になるように修正しよう。

［　　　］←［　　　］

(6) 読点「、」を打ったほうが読みやすい箇所を二つ見つけ、原稿用紙に直接読点を打とう。

**2** 次の文章を読み、後見返し「原稿用紙の使い方（横書き）」を確認しながら、(1)〜(5)の問いに答えよう。

解答 P.22

知識・技能

　携帯電話やスマートフォンなどのモバイル機器によるインターネット利用率は、年々増加している。2019年の総務省による調査では、全年代で約80％、十代、20代では約90％がモバイル機器でインターネットを利用している。おそらく、スマートフォンによって手軽にインターネットを利用する人も増えてきた。

　利用内容を見てみると、年代差があることがわかる。多くの年代では電子メールの利用が最も多い。〔　A　〕、10代、20代では電子メールの利用は30％程度であり、SNS（Social Networking Service）の利用が60％を超えている。SNSの平均利用時間を見ても、全年代の平均が30分程度のところ、10代、20代は1時間を超え、休日は80分以上となってる。

　なので、ほかの世代よりも若者にとっては、SNSで友達と交流したり情報収集をすることが、日常になっていると考えられる。

(1) 横書きの原稿用紙における数字の書き方として、適切ではない箇所を二つ、原稿用紙に直接書き込んで指摘しよう。

(2) 数字の書き方以外で、原稿用紙の使い方が適切ではない点を三つ、原稿用紙に直接書き込んで指摘しよう。

(3) 副詞の呼応が乱れている箇所を指摘し、修正しよう。また、「〜たり」の使い方が適切になるように修正しよう。

副詞の呼応

←

「たり」

←

(4) 改まった場面で使われる書き言葉として適切ではない表現を、二つ指摘し、修正しよう。

↓

↓

(5) 〔 A 〕に接続表現を補うとしたらどのような語が入るか、考えてみよう。

## 確認ワーク

**1** 次に示すのは、ある生徒が書いた文章である。これを読んで、①～⑥の問いに答えよう。 解答 P.23

知識・技能

ボランティアは楽しい。そして、楽しいことばかりではない。そのことを知っておかないと、せっかくボランティアに参加しても、「思っていたとうりではなかった。」と後悔する人が出てくるかもしれない。

私は、姉と一緒に、高齢者の方と話し相手をするボランティアに参加している。そこでも、すべての高齢者の方が、私たちを初めから歓迎してくれるわけではない。冷たい態度をとったり、ささいなことで機嫌を損ねる方もいる。そんなときには、こちらもつい不愉快な気分になってしまう。しかし、それを乗り

① この文章には、不適切な接続表現がある。一文節で抜き出し、それに代わる適切な表現を記号で答えよう。

ア 例えば　イ さて　ウ しかし　エ だから

→

② ――線部「高齢者の方と話し相手をする」は、誤った助詞が使われている。整った形になるよう修正しよう。

③ この文章には、仮名遣いが間違っている部分がある。間違っている部分を三字で抜き出し、正しく書き直そう。

→

越え、高齢者の方と心が通じ合ったときは、すごい楽しいと感じる。ボランティアの楽しさとは、苦労を乗り越えて得られる楽しさなのだ。

④この文章には、書き言葉として適切ではない部分がある。その部分を三文節で抜き出し、適切な表現になるよう修正しよう。

←

⑤この文章には、「たり」の使い方が乱れている部分がある。その部分を三字で抜き出し、正しく書き直そう。

↓

⑥この文章には、原稿用紙の使い方が不適切なところが二つある。不適切な点を文中から探し、直接書き込んで修正しよう。

**2** 次に示すのは、ある生徒が書いた文章である。これを読んで、①～⑦の問いに答えよう。

解答 P.24

知識・技能

私は、環境問題を解決するためには、「一人一人が取り組む個人的アプローチ」に加えて、「社会全体で取り組む社会的アプローチ」が必要だと①考えられます。

個人的アプローチとは、私たち一人一人がエコバッグの使用や節電など、環境に②気をつけた行動をするということです。これらは単独ですぐに著じるしい効果を生むことはないだろう。しかし、例えば一〇万人一〇〇万人一〇〇〇万人と、多くの人が参加していけば、長期的には大きな効果が期待できます。

同時に、社会的アプローチも大切で、例えば、森林の伐採を規制する法律を作ったり、政府が環境保護団体を経済的に支援したりするという立法や行政からのアプローチも、積極的に行っていくべきです。

① ——線部①「考えられます」は、主語と適切に対応していない。主語と適切に対応するよう修正しよう。

② ——線部②「気をつけた」を、改まった場面で用いるときに適切な表現になるよう、漢語を用いて修正しよう。

③ 送り仮名が間違っている部分を一文節で抜き出し、正しく書き直そう。

→

④ 文末表現が統一されていない部分を一文節で抜き出し、適切な表現に書き改めよう。

→

⑤ 読点（、）を加えたほうが読みやすい箇所を三つ見つけ、直接書き込んで修正しよう。

⑥ 横書きの原稿用紙の使い方として不適切な箇所を文中から見つけ、直接書き込んで修正しよう。

⑦ この文章の第三段落（「同時に……行っていくべきです。」）を、わかりやすくするために三つの文に分けて書き改めよう。

レッスン1 絵や写真を見て書く(1)

# 配置を説明する

学習日 月 日

解答 P.25

検印

## 基本ワーク

**1** 左の図は、机の上にトランプが並んでいる様子である。机の上のトランプについての情報を整理しよう。 思考・判断・表現

奥

手前

| ① トランプの枚数 | ② トランプの種類（ハート、クラブ…） | ③ 机の上での位置 | ④ ほかのカードとの位置関係 | ⑤ トランプの向き |
|---|---|---|---|---|
| | | | | |

**2** **1**で整理した情報をもとに、図を見ていない人にも伝わるように文章で説明しなさい。

思考・判断・表現

**確認ワーク**

左の図の様子を文章で説明しなさい。

思考・判断・表現

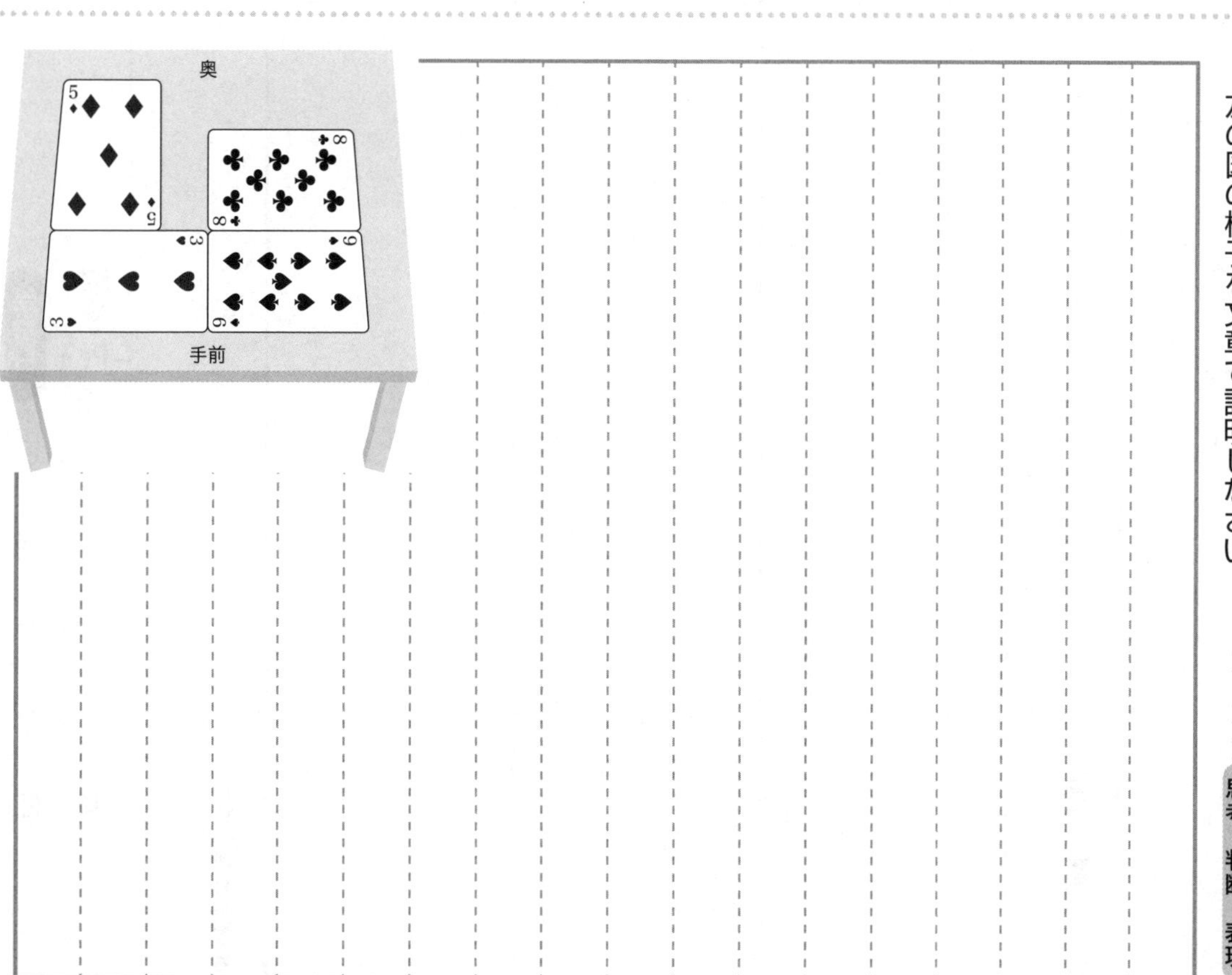

レッスン1　絵や写真を見て書く(2)

# 形を説明する

学習日　月　日

解答P.26

検印

## 基本ワーク

**1** 左の図形を文章で説明したい。まず、次の視点から情報を整理しよう。　思考・判断・表現

| ① 全体の印象を比喩で表現する。 | ② 各部分の形を円、正三角形などの図形の名称を用いて説明する。 | ③ 各部分の位置関係、接し方を説明する。 |
|---|---|---|
| | | |

**2** **1** で整理した情報をまとめて、文章にしよう。　思考・判断・表現

**確認ワーク**

左の図形を文章で説明しよう。　思考・判断・表現

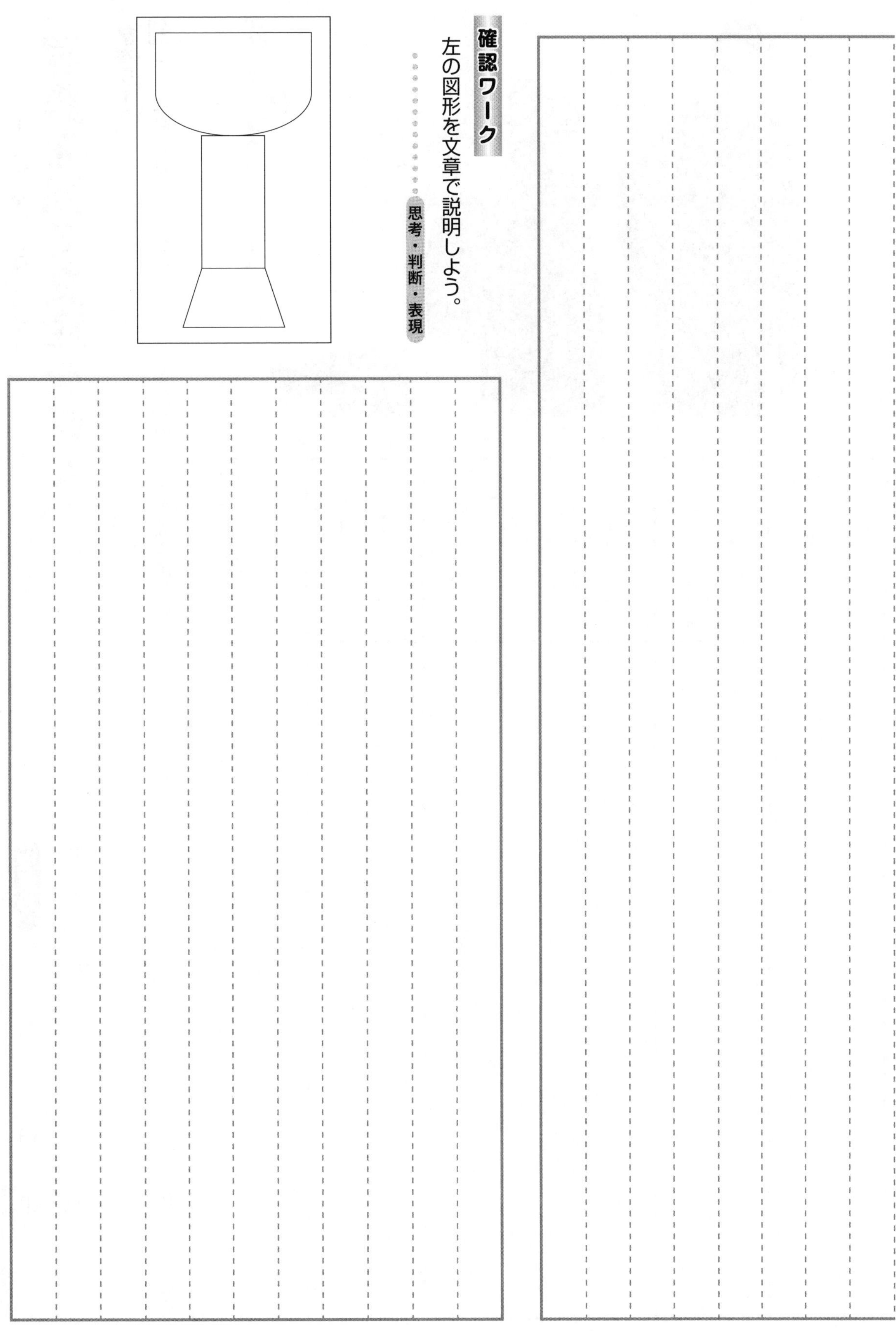

レッスン1 絵や写真を見て書く(3)

# 写真を見て文章を書く

学習日 月 日

解答 P.26〜27

検印

## 基本ワーク

**1** 左の写真を見て、次の項目について気づいたことを箇条書きしよう。

思考・判断・表現

| ① 季節・時間はいつだろうか。 | ② 場所はどこだろうか。 | ③ 誰(何)が写っているか。 | ④ 人物は何をしているか。 | ⑤ どのような場面だろうか。 | ⑥ どう思ったか、どう感じたか。 |
|---|---|---|---|---|---|
| | | | | | |

**2** **1** のメモをもとに、写真を見ていない人に伝えることを想定して、二〇〇字程度の文章にまとめなさい。

思考・判断・表現

38 76 114 152 190

チャレンジテスト⑤

# 絵や写真を見て書く

| 解答 | P.27〜28 |
|---|---|
| 学習日 | 月　日 |
| | ／100 |
| 検印 | |

▼配置を説明する　本書 P.62〜63

奥

手前

問1　上の道具箱の絵を見て、①②の問いに答えよう。　思考・判断・表現

①　道具箱の中には何がいくつ入っているか。　5点

②　入っている物の配置と向きを、図を見ていない人にも伝わるように文章で説明してみよう。　20点

▼形を説明する　本書 P.64〜65

問2　上の図を見て次の問いに答えよう。　思考・判断・表現

①　全体のおおまかな形を比喩で表現しよう。　5点

②　図を構成している要素にはどのようなものがあるか。　5点

③　どのような図か、図を見ていない人にも伝わるように文章で説明してみよう。　10点

▼写真を見て文章を書く

問3　次の写真を見て情報を整理し、□内に書き入れよう。

本書 P.66〜67

思考・判断・表現

①〜⑦…21点〈各3点〉、⑧…4点

この写真には、①□の季節の②□の風景が写っている。手前には③□が木製のデッキ沿いに④□艘（そう）並んでとまっている。

デッキの手前には⑤□が散っている。池の水面は穏やかだ。向こう岸に沿って桜並木があり、その後方に⑥□が茂っている。晴れた空には、⑦□が漂っている。

⑧写真を見た印象・感想

□

問4　問3で整理した情報をもとに、どのような写真か、どのような印象を受けるかについて、写真を見ていない人に伝わるように文章で説明しよう。（適切に段落分けをして書くこと。）

思考・判断・表現

30点

レッスン2　マイニュース記事を書こう

# マイニュース記事を書こう

学習日　月　日
解答 P.28～29
検印

## 基本ワーク

**1** 次の観点を参考に、マイニュースのテーマを決めよう。　思考・判断・表現

・学校…学習、部活動、委員会活動、休み時間
・放課後…友達との遊び、塾のできごと
・家庭、家族…両親や兄弟との会話、親戚のこと
・新聞、テレビ、インターネットなど…気になる時事問題、世間の話題

テーマ

**2** 取り上げるテーマについて、材料を集めて「取材メモ」を作ろう。その際、5W1Hを意識してみよう。　思考・判断・表現

| | |
|---|---|
| WHEN（いつ）…年月日、時刻、時間帯など | |
| WHERE（どこで）…場所、施設など | |
| WHO（誰が）…人物や団体など | |

**3** メモをもとに、四〇〇字程度の原稿にまとめよう。でき上がったら、原稿を読み上げて発表しよう。

思考・判断・表現

| WHAT（何を）…起こったできごと | WHY（なぜ）…理由、原因 | HOW（どのように）…具体的な様子、方法、手段など |
| --- | --- | --- |
| | | |

## レッスン1 小論文とは何か

# 小論文とは何か

学習日 月 日

解答 P.29〜30

検印

### 基本ワーク

**1** 次の題から一つ選ぼう。 思考・判断・表現

・小学生がスマートフォンを持つことに賛成か反対か。
・紙の辞書と電子辞書のどちらがよいか。
・手書きとパソコンのどちらがよいか。
・鉛筆とシャープペンシルのどちらがよいか。

**2** 小論文を書き始める前に構成メモを作ろう。 解答 P.29 思考・判断・表現

次の表の「はじめ」「なか」「おわり」に、書く内容を箇条書きにしよう。

題

| はじめ | |
|---|---|
| 問題提起 | |
| 意見 | |
| 理由1 | |

| なか | | | おわり |
|---|---|---|---|
| 理由1の説明（具体例） | 理由2 | 理由2の説明（具体例） | 意見を繰り返す |
| | | | |

小論文のコツ

## 意見を明確にするために

◯AかBかという問いに対しては、自分の支持する立場をはっきり示す。

〈例〉年賀状は手書きがよいか、電子メールがよいか。私は手書きがよいと考える。なぜなら…だからである。

◯問題提起に対して、賛成か反対かをはっきり示す。

〈例〉ゴミ収集の全面有償化についてどう考えるか。私は反対である。なぜなら、…だからである。

◯抽象的なテーマに対しては、「問い」と「答え」に言い換えることができないかを考える。

〈例〉テーマ＝友情について

男女の間で真の友情はあるだろうか。私はあると考える。例えば、…だからである。

**3** 構成メモを見ながら四〇〇字程度の小論文を書こう。 解答 P.30 思考・判断・表現

後見返し「原稿用紙の使い方（縦書き）」を参考に縦書きし、書き終わったら推敲しよう。

題

年　組　番　名前

100

◆小論文とは何か

小論文とは、自分の意見を論理的に書く文章である。

◆感想と意見の違い

・感想＝思ったこと、感じたことをそのまま述べたもの。

・意見＝理由をはっきり示して、自分の考えを述べるもの。

◆段落を分けて書く

一つの段落には、一つの内容を書くように心がけよう。

「はじめ」「なか」「おわり」の三段落構成でもよいが、「なか」に二つの理由がある場合は、段落を二つに分けると、わかりやすい文章になる。

400

300

200

◆推敲の観点

●意見が明確に書かれているか。

●理由が明確に示され、筋道を立てて書かれているか。

●誤字・脱字がないか。

●ねじれた文がないか。

●読みにくい文がないか。

●長すぎる文がないか。

レッスン2 反論を想定して書く

# 反論を想定して書く

学習日 月 日

解答 P.30〜31

検印

## 基本ワーク

思考・判断・表現

**1** 次の題を参考に、自分で問題を設定し、五段落構成で構成メモを作ろう。 解答 P.30

〈例〉・映画は自宅の家庭用テレビで見るのがよいか、映画館で見るのがよいか。
・成人式は必要か否か。
・文化祭のクラスの出し物は、迷路と演劇のどちらがよいか。

題

| はじめ | |
|---|---|
| 一 | 二 |
| 問題を提起し、それに対する自分の意見を書く。 | 自分の意見の理由を書く。（複数書くとよい） |

はじめに、問題提起と自分の意見をはっきりと示す。

自分の意見の理由のうち、説得力のあるものを複数書く。

| なか | | おわり |
| --- | --- | --- |
| 三 | 四 | 五 |
| 反対意見について書く。 | 自分の意見の理由のうち、最も説得力のあるものを書く。 | 自分の意見を再度書いて締めくくる。 |

反対意見とその理由を書く。「たしかに」「もちろん」などで書き始め、反対意見のよいところを示す。（自分の意見の欠点を示すのもよい）

「しかし」「だが」など逆接の接続表現で書き始め、自分の意見の理由のうちで最も説得力のあるものを示す。

最後に、「したがって」「だから」「以上の理由で」などの言葉で始め、もう一度意見を書く。

## 2 構成メモを見ながら六〇〇字程度の小論文を書こう。 解答 P.31

思考・判断・表現

題

100

200

### ◆反論を想定する

意見に説得力をもたせるためには、ひたすら自説を述べるだけでなく、反対意見（反論）に触れることも必要だ。反論をしっかり認識していることを示した上で自説を述べると、説得力が増す。

### ◆理由を選ぶ

自分の意見と反対意見について、できるだけたくさん理由を考えよう。ただし、思いついた理由をすべて使うのではなく、読み手を納得させるために有効なものを選ぶのがよい。また、反対意見についての理由は、しっかり打ち消せるものを選ぶと書きやすくなる。

600 500 400 300

レッスン3　文章を読み取って書く

# 文章を読み取って書く

学習日　　月　　日

解答 P.31～32

検印

## 基本ワーク

**1** 次の文章を読み、内容を二〇〇字以内で要約してみよう。

思考・判断・表現

あなたは、今話している日本語がなくなったらどうなるかという問題を考えてみたことがあるでしょうか？　たとえば、英語だけで用をたさなくてはいけない状態になったとしたら？　むろん、権力で強要されれば、長い時間をかけて、英語だけを話すようになるでしょう。でも、英語という糸で織り成される文化は、日本語という糸でつむぎ出されていた織物とは全く異なっているのです。

たとえば、日本語には擬音語・擬態語が豊かに存在します。けれども、英語にはあまりありません。すると、こんなことが起こります。

鳩子さんは、そんな三好さんをジロリと流し見た。
（源氏鶏太『御苦労さん』）

これは、日本語の文です。これを英語で言おうとすると、「ジロリ」という擬態語がうまく表現できないのです。ある辞典では、この箇所をこう翻訳しています。

Hatoko cast a sharp side-long glance at him.

「鳩子は彼に鋭い横目を向けた。」といった意味の英語になっています。これでは「ジロリ」の持っている、眼球を左から右へあるいは右から左へ移動する動きが、失われてしまいます。「ジロリ」は、単に「鋭い横目」という抽象的な言葉では表せないような、具体的で感覚的な意味を持つ言葉です。つまり、日本語で織り成されていた織物のもっていた独特の風合いがなくなってしまったのです。母国語を失うということは、物の考え方、感じ方を失うということ。大げさに言えば、具体的で感覚的な日本文化が消えているのです。もちろんそれでもいいとおっしゃる方もいらっしゃるかもしれません。

そういう方は、是非とも次の問題も考えてみてください。世界中の言語がすべて英語だけに統一されてしまったとします。すると、どの地域からも英語という糸で織り成される織物しか出来てきません。それぞれの地域のもっていた独特の風合いが失われ、どの地域に行っても、どこに住んでも、同じ織物しかないのです。ということは、異なる織物同士の間で競争したり、刺激しあったりすることがないということです。人は、努力をしなくなります。人類の文化そのものが痩せて廃れていきます。一元化の恐ろしいところです。

人類の文化が発展するのは、さまざまな素材があり、その素材によって織り成される文化が違うからこそなのです。違う文化同士が接触し、互いに刺激しあい、総体として人間の文化が発展するのです。

（山口仲美『日本語の歴史』より）

〈要約〉

### ◆要約の方法

(1)段落相互の論理のつながりに気をつけながら、各段落の要点をつな

**2** 読み取ったことや要約をもとに、自分の意見を決め、小論文の構成メモを書こう。　思考・判断・表現

| はじめ | |
|---|---|
| なか | |
| おわり | |

**3** 構成メモに沿って、八〇〇字程度の小論文を書こう。　思考・判断・表現

げてまとめる。

(2) 問題提起（問い）と、それに対応する答えの内容をまとめる。

(3) 筆者の主張や論理の展開を追いながら、繰り返し出てくる語句（キーワード）をつなげてまとめる。

**◆要約の注意点**

- 原則として、具体例の部分は要約には含めない。
- 「しかし」「だが」「けれども」の後にある筆者の主張や、「こそ」で強調されている内容に注意する。
- 「なのである。」「なのだ。」などで断定的に述べられている筆者の主張に注意する。

**◆具体例を理由に**

「なか」で自分の意見の理由を述べるときには、具体的な例を挙げよう。自分が直接体験したことや、自分で見たり聞いたりしたことは、自分だけの独自の素材である。意見の説得力を高めるために、具体的で独自性のある素材を上手に活用しよう。

レッスン4 統計資料を読み取って書く

# 統計資料を読み取って書く

学習日 月 日

検印

解答P.33〜34

## 基本ワーク

**1** 左の資料を見て、特徴的な点をメモしてみよう。また、なぜそのような特徴が生まれるのかを考察してみよう。

思考・判断・表現

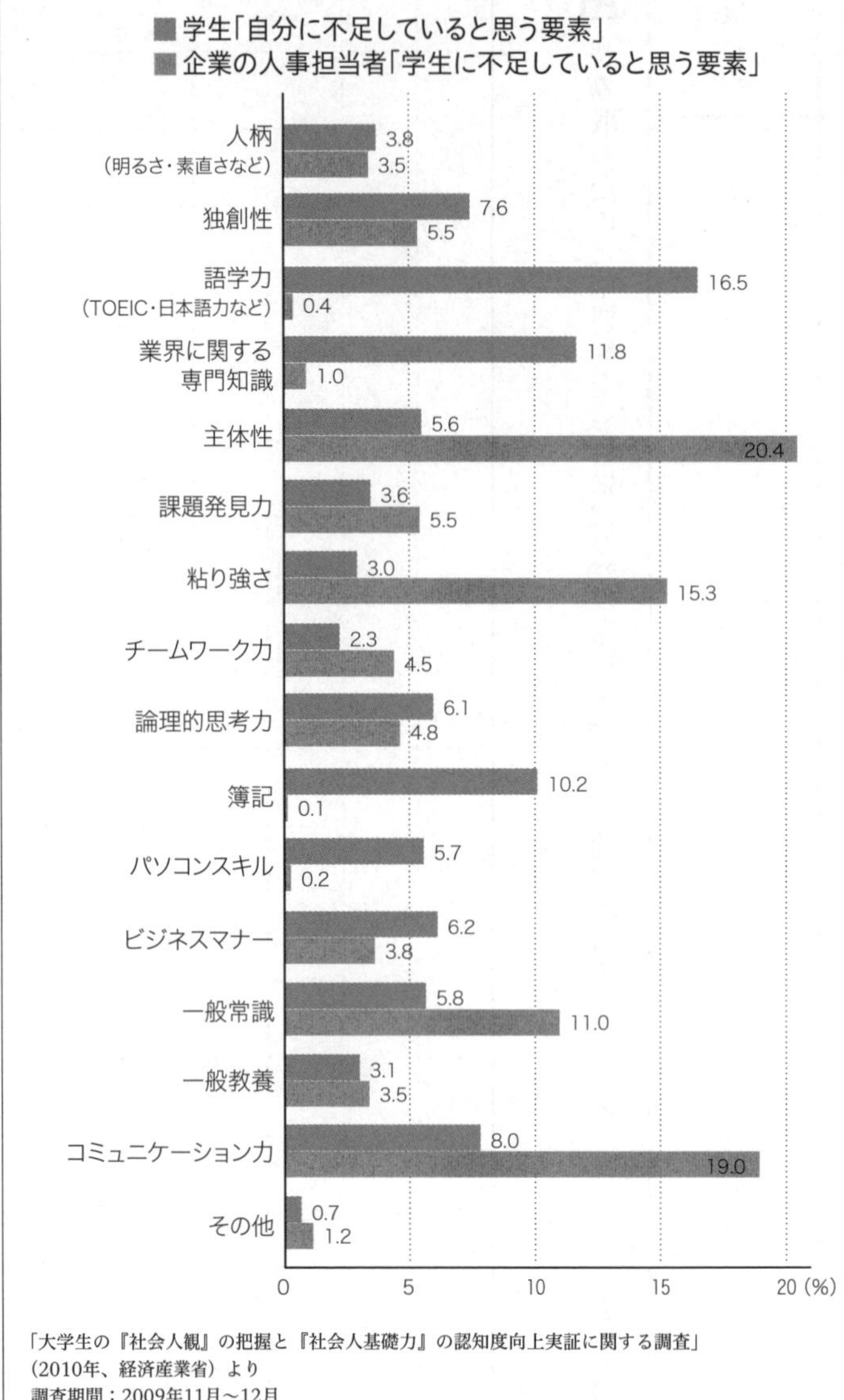


「大学生の『社会人観』の把握と『社会人基礎力』の認知度向上実証に関する調査」（2010年、経済産業省）より
調査期間：2009年11月〜12月
調査対象：大学生・大学院生（有効回答1598件）
全国の企業人事担当者（有効回答1179件）

◆統計資料を読む

資料を読むときには、まず次の点を確認し、どのような資料なのかをつかもう。

- ●資料の種類（グラフ、表、その他の図版など）
- ●調査テーマ、調査対象、調査時期
- ●数値の単位

◆統計資料を分析する

資料から読み取れることをメモする際には、次の点に着目するとよい。

- ●数値が最も大きいところ、最も小さいところ
- ●変化の大きいところ
- ●数値の差が大きいところ

**2** 資料を見て考えたことについて、読み取りメモと構成メモを書こう。

思考・判断・表現

〈資料読み取りメモ〉

〈構成メモ〉

| はじめ | なか | | | おわり |
|---|---|---|---|---|
| 一 | 二 | 三 | 四 | 五 |
| | | | | |

**3** 構成メモに沿って、八〇〇字程度の小論文を書こう。

思考・判断・表現

レッスン1 自分を見つめて(1)

# 人生を見つめる

学習日 月 日

解答 P.35

検印

**基本ワーク**

自分がこれまで取り組んできたこと、現在取り組んでいることを挙げてみよう。それらを通じて、自分がどのようなことを得たのかを振り返り、ライフチャートにまとめてみよう。

思考・判断・表現

| 時期 | | 勉強について |
|---|---|---|
| 過去 | 小学校時代 | 【得たこと】 |
| 過去 | 中学校時代 | 【得たこと】 |
| 現在 | 高校入学から今まで | 【得たこと】 |

| がんばったこと | |
|---|---|
| 学校以外の活動について | 部活動について |
| 【得たこと】 | 【得たこと】 |
| 【得たこと】 | 【得たこと】 |
| 【得たこと】 | 【得たこと】 |

レッスン1 自分を見つめて(2)

# 長所・短所を見つめる

学習日 月 日

解答 P.36

検印

## 基本ワーク

**1** ライフチャートを見ながら、自分が思う長所・短所を書き出してみよう。 思考・判断・表現

| 長所 | |
|---|---|
| 短所 | |

**2** 自分では短所だと思っていることも、見方を変えれば長所になる場合もある。次の性格を長所に言い換えてみよう。 思考・判断・表現

〈例〉飽きっぽい→好奇心旺盛だ。何にでも興味をもつ。

〈例〉引っ込み思案→慎重。冷静な判断ができる。

〈例〉頑固→責任感が強く、何事もやり通そうとする。意思が強い。信念がある。

ア　消極的↓　（　　　　　）
イ　落ち着きがない↓　（　　　　　）
ウ　気が短い↓　（　　　　　）
エ　優柔不断↓　（　　　　　）
オ　くよくよする↓　（　　　　　）

カ　でしゃばり↓　（　　　　　）
キ　いいかげん↓　（　　　　　）
ク　うるさい↓　（　　　　　）
ケ　無口↓　（　　　　　）
コ　自分勝手↓　（　　　　　）

**3**　**1**で書いた自分の短所を、長所に言い換えてみよう。　思考・判断・表現

| 短　所 | 長所に変換 |
| --- | --- |
|  | ↓ |
|  | ↓ |
|  | ↓ |

レッスン2 効果的な自己PR

# 効果的な自己PR

学習日 月 日

解答 P.36

検印

**基本ワーク**

**1** 自己PRのためのメモを作ろう。 思考・判断・表現

① アピールしたい自分の特長

② 特長の裏づけとなる経験やエピソード

③ 経験から得たこと

④ 特長を今後どのように生かしていくか

**2** メモをもとに、自己PRの原稿を四〇〇字程度で書こう。 思考・判断・表現

◆自己PRの構成

**1** で挙げた要素を、どのような順番で話せば相手に強い印象を与えられるかを考える。

〈例〉

・具体的で強い印象を与えるエピソードを、冒頭に置く。

400　300　200　100

・身近な広告キャッチコピーを参考にした表現を使い、聞き手を引きつける。

◆話すための原稿の分量

一般的に、声に出して話すスピードは一分間で三〇〇字前後である。これを目安にして原稿を書くとよい。

◆発表

原稿の棒読みになると、アピールしたい思いが伝わらなくなる。できれば、原稿を見ずに発表できるようにしよう。

＊「自己アピール」は、進学や就職の面接の際、よく求められる。

自分の長所をアピールするのは難しいかもしれないが、堂々と自信をもって話せるようにしよう。

レッスン3 将来の自分を考えよう

# 将来の自分を考えよう

学習日 月 日

解答 P.37

検印

## 基本ワーク

思考・判断・表現

就きたい職業や業界について調べ、調べたことをもとに「将来の自分」という題名で六〇〇字程度の文章を書こう。

100

200

◆職業を調べる方法

・インターネットを活用する。
・書籍で調べる。
・その仕事に就いている人に直接聞く。

◆構成メモを作る

(1)就きたい職業

(2)就きたい理由

600　　　　500　　　　400　　　　300

(3)就くために必要なこと
（資格や知識・技術）

(4)まとめ（その職業に就いたとき何をしたいか、どのような人になりたいかなど）

＊自分の思いと調べたことを、はっきり区別して書こう。調べたことは(3)にまとめるとよい。

レッスン4 志望理由を書こう

# 志望理由を書こう

学習日 月 日

解答 P.37〜38

検 印

## 基本ワーク

就職や推薦入試の際に必ず問われるのが志望理由（志望動機）だ。ここでは説得力のある志望理由をまとめる練習をしよう。

### 1 情報を集める 思考・判断・表現

志望先の情報を、パンフレットやインターネットで調べたり、説明会に参加したりして集める。

### 2 メモを作る 思考・判断・表現

① 志望の理由

② 志望先についての情報

③ 志望先でやりたいこと

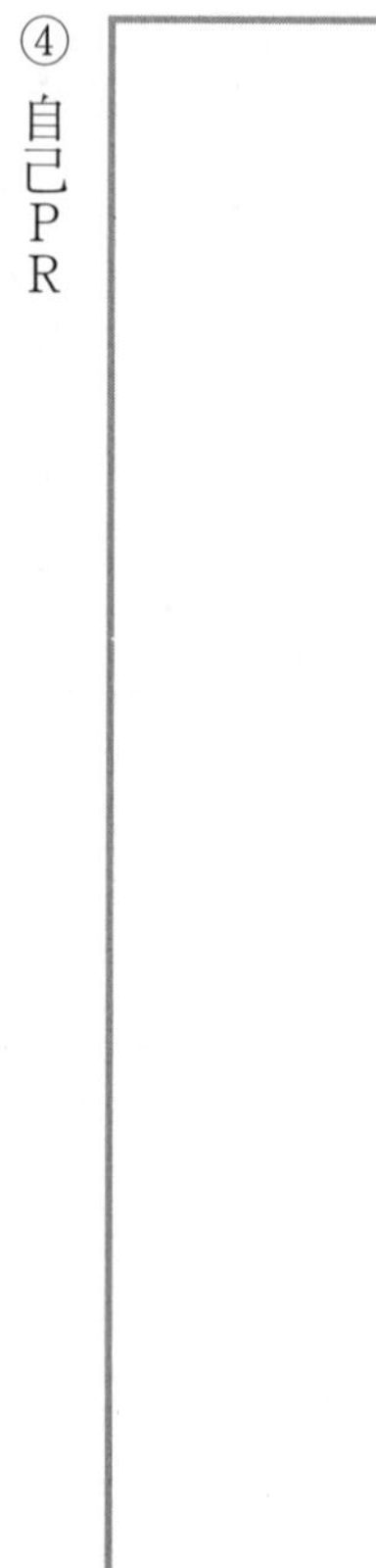

④ 自己ＰＲ

⑤ 将来の目標・夢

## 3 次の枠内に入るように、横書きで志望理由を書いてみよう。

思考・判断・表現

◆志望理由の構成

・2のメモの①～⑤をどのような順序に並べたら効果的かを考える。

・③志望先でやりたいことと④自己PRが、②志望先についての情報と結びつくように書く。

下書き

| 志望の理由 | |
|---|---|

清書

| 志望の理由 | |
|---|---|

レッスン5 自己推薦書や学修計画書を書く(1)

# 自己推薦書や学修計画書を書く

学習日　月　日

解答 P.38〜40

検印

## 基本ワーク

**1** 志望先に、どのような書類を提出する必要があるのか、何を書くことが求められているのか、調べよう。 解答 P.38 思考・判断・表現

| 書類 | 記入する要素 |
| --- | --- |
| 〈例〉履歴書 | 〈例〉氏名、生年月日、住所、連絡先、学歴、資格、趣味、志望理由（志望動機）など。 |
| | |
| | |
| | |

**◆志望先に提出する書類の共通点**

提出を求められる書類には、志望理由書・自己推薦書・学修計画書・エントリーシートなど、さまざまなものがあるが、本質は共通している。以下の三点を意識し、しっかりと膨らませることが大切である。

- ・志望理由
- ・自己PR（これまでにやってきたことを含む）
- ・志望先でやりたいこと（調べたことを含む）

## 2 次の下書きの例を、選考する側の気持ちを想像して読み、改善案を考えよう。

解答 P.38

思考・判断・表現

① 私は高校で、吹奏楽部の副部長を務めました。その経験を生かして、貴社に入っても一生懸命にがんばりたいと思っております。

② 私は、充実した語学教育制度があるといううわさを聞きましたので、貴校を志望いたしました。高校の英語の授業では、緊張でうまく英語が話せずに悔しい思いをすることもありました。親から勧められて応募した短期留学の選考にも、残念ながら落ちてしまいました。だからこそ、貴校に入学して英語をしっかり勉強し、グローバル社会で活躍できる人材になりたいと考えております。

③ 私は将来、介護福祉士になって社会に貢献したいと考えております。高校時代はバレーボール部で仲間たちと厳しい練習の日々を過ごしました。その結果、地区大会で準優勝できたことは一生の思い出です。貴校に入学することができましたら、カウンセリングの勉強もしたいと思っております。

## 3 必要な提出書類に応じて、書く材料をメモしよう。

解答 P.39

思考・判断・表現

① 自己ＰＲ

② これまでの取り組み・具体例

③ 調べたこと

④ 将来の目標

### ◆説得力を高める方法

自己推薦書

　これまでにやってきたことを、具体的に、自分らしいエピソードを加えながら書き、自己ＰＲと結びつける。

学修計画書

　将来の目標（夢）、進学先でやりたいことを具体的に書き、進学先について調べたことや自己ＰＲと結びつける。

### ◆言葉遣いの注意点

・くだけた表現や話し言葉を避ける。
・漢語を積極的に用いる。
・適切な敬語を用いる。
・志望先は「貴校」「貴社」と呼び、尊敬語を用いる。
・自分を指すときは「私」を使い、謙譲語を用いる。

**4** メモしたことをふまえて、横書きで提出書類を書いてみよう。 解答 P.40

思考・判断・表現

レッスン5 自己推薦書や学修計画書を書く(2)

# 履歴書の書き方

学習日 月 日

検印

| | 取得年月 | 資格等の名称 | |
|---|---|---|---|
| 資格等 | | | |
| 趣味・特技 | | 校内外の諸活動 | |
| 志望の動機 | | | |
| 備考 | | | |

**基本ワーク** 主体的態度

履歴書を書いてみよう。

# 履　　歴　　書

令和　　　年　　月　　日現在

| ふりがな | | 性別 |
|---|---|---|
| 氏　名 | | |
| 生年月日 | 昭和　平成　　　年　　月　　日生（満　　歳） | |
| ふりがな | | |
| 現住所 | 〒 | |
| ふりがな | | |
| 連絡先 | 〒 | |

写真を貼る位置

（30×40mm）

（連絡先欄は現住所以外に連絡を希望する場合のみ記入すること）

| 学歴・職歴 | | |
|---|---|---|
| | 令和　　年　　月 | 高等学校入学 |
| | 令和　　年　　月 | |
| | 令和　　年　　月 | |
| | 令和　　年　　月 | |
| | 令和　　年　　月 | |
| | 令和　　年　　月 | |

（職歴にはいわゆるアルバイトは含まない）

# 実践トレーニング②

「4 自己PRと面接」のまとめ

学習日　月　日

解答 P.40～42

検印

## 基本ワーク

解答 P.40

**1** 次は、志望先の企業に提出するエントリーシートの一部である。内容を確認して⑴～⑸の問いに答えよう。

思考・判断・表現

### 志望動機

私は小さい頃から工作が好きで、細かい作業に集中して取り組むことが得意でした。物を作ることに大変興味をもっており、将来の夢は、大工になりたいと思っていました。(…略…)

職場見学の際に、社員の方々から丁寧にご説明していただき、とても明るくて気持ちのよい職場だと感じました。また、ある社員の方から「自社の製品に街で出会う喜びがある」というお話をお聞きになって、大変感動しました。

人々の暮しを豊かにするモノづくりをしている点も貴社の魅力だと感じています。入社後は、一日も早く社会に貢献できる製品作りを任せていただけるように、努力したいと考えております。

### 高校生活でがんばったこと

サッカー部でキャプテンを勤め、部員たちをまとめたりチーム力を上げることに心を[A]乱しました。連日の練習は厳しくて、思いどうりにいかないこともあったけど、乗り越えられたのは、仲間の存在があったからだと思います。三年間の部活で鍛えたコミュニケーション力や責任感は、社会に出てからもよい仕事をしていきたいと思っております。

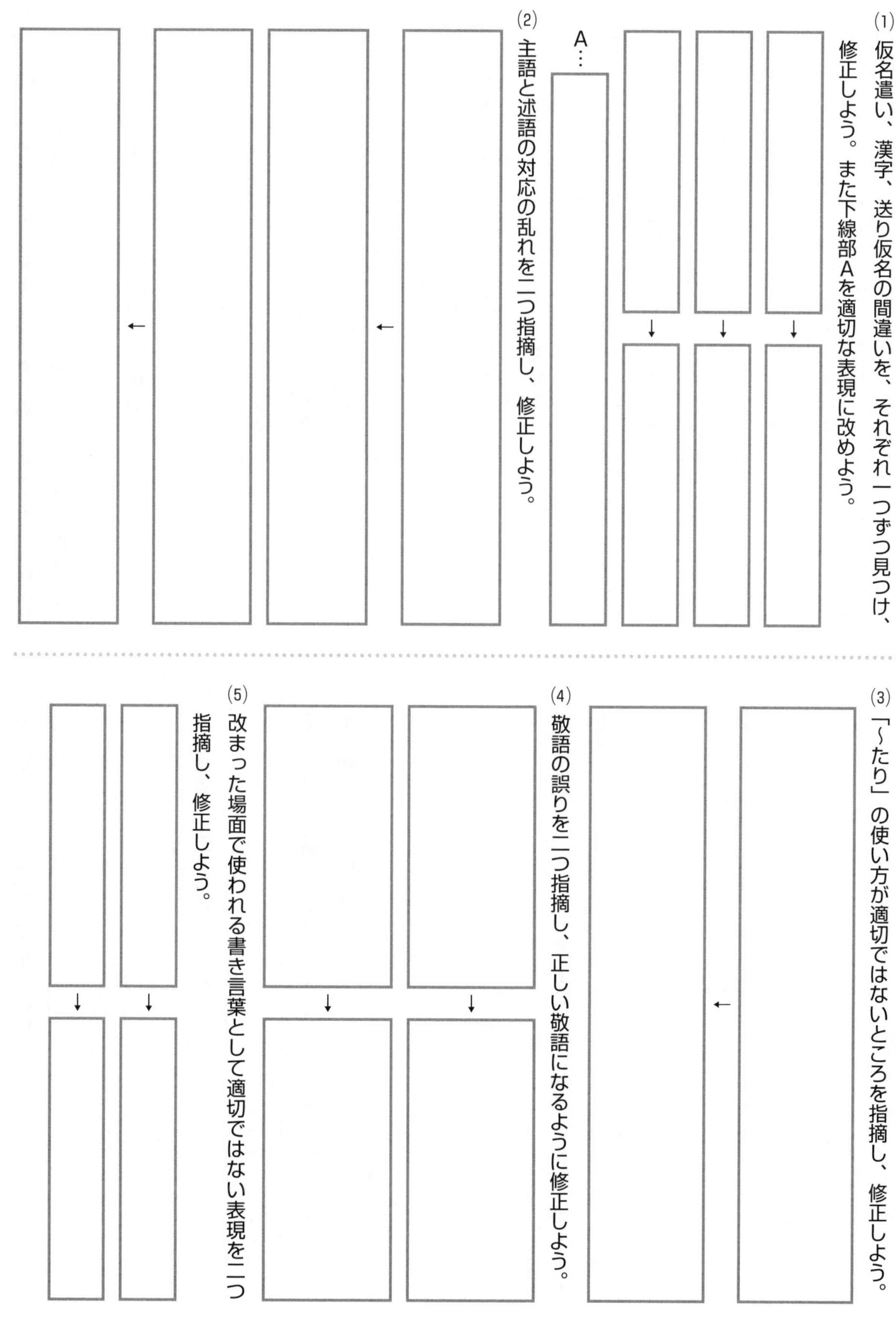

(1) 仮名遣い、漢字、送り仮名の間違いを、それぞれ一つずつ見つけ、修正しよう。また下線部Aを適切な表現に改めよう。

↓

↓

↓

A…

(2) 主語と述語の対応の乱れを二つ指摘し、修正しよう。

↓

↓

(3) 「〜たり」の使い方が適切ではないところを指摘し、修正しよう。

↓

(4) 敬語の誤りを二つ指摘し、正しい敬語になるように修正しよう。

↓

↓

(5) 改まった場面で使われる書き言葉として適切ではない表現を二つ指摘し、修正しよう。

↓

↓

**2** 次は、就職試験の集団面接の様子である。発言の内容を確認して、(1)〜(6)の問いに答えよう。 解答 P.41 思考・判断・表現

田村：A〇〇高校から来た、田村です。高校ではバレーボール部で部長を務めています。バレーボールはチームワークが大切なスポーツなので、Bおたくの会社のモットーはC自分にはすごいぐっときました。

佐藤：高校の進路指導の先生が、「仕事が丁寧でとても雰囲気のよい会社だよ。」と申しておりました。私のおじいちゃんも、「昔から地元に根付いて信頼されている会社だ。」とおっしゃっています。
「公助の精神を大切にした企業活動」という社長のお話にも、深く感心いたしました。

(1) 傍線部Aを、より適切な表現に改めよう。

(2) 傍線部Bを、適切な言葉に改めよう。

(3) 傍線部Cの内容を、場面にふさわしい言葉遣いに気をつけて、別の表現で表してみよう。

(4) 敬語の誤りや、身内に対する呼び方としてふさわしくない表現を指摘し、改めよう。

↓

↓

山本：はい？　すいません、もう一回言ってくれますか。

(5) 敬うべき相手に対する言葉遣いとして適切ではない表現を指摘し、改めよう。

↓

(6) 面接者の質問がよく聞き取れなかったとき、どのような表現をするのが適切か、考えてみよう。

## 確認ワーク

思考・判断・表現

**1** 次に示すのは、ある生徒が履歴書の「志望動機」の欄に書いた文章である。これを読んで、①〜⑤の問いに答えよう。 解答 P.41

私は、自動運転などの自動車に関する技術に強い感心をもっています。

貴社を見学させてもらった際に、自動車販売で大切なのは、自動車への愛と技術への興味だと伺いました。私はどちらももち合わせており、ぜひ貴社で自動車販売の仕事をしたいと思うようになりました。

私は、いろいろな人と交流することが好きで、多くの友人・知人がいます。(　　)、自動車について会話をすることが心から楽しく、会話から自動車愛を感じていただける自身があります。なので、どのようなタイプのお客様ともお付き合いができるのではないかと思っております。

ご採用いただけましたら、できる限り貴社の自動車を多くの方に紹介し、お客様のカーライフを充実させるお手伝いをしたいと考えております。

① この文章には、漢字が間違っている部分が二箇所ある。間違っている部分を二字で抜き出し、正しく書き直そう。

→　　　→

② この文章には、敬語の使い方に問題のある部分がある。その部分を一文節で抜き出し、適切な敬語に書き改めよう。

→

③ (　)に当てはまる最も適切な接続表現をア〜エから選び、記号で答えよう。

ア だが　イ また　ウ だから　エ つまり

④ この文章には、書き言葉として問題のある語が使われている。その語を一文節で抜き出して、適切に書き改めよう。

→

⑤ ――線部「できる限り」は、何を修飾しているのかわかりにくい。「できる限り」を移動させるとしたら、どこに移動させるのがよいか。ア〜エから一つ選び、記号で答えよう。

ア「自動車を」の直後
イ「多くの方に」の直後
ウ「充実させる」の直後
エ「お手伝いしたいと」の直後

**2** 次に示すのは、面接のやりとりの一場面である。これを読んで、①～⑤の問いに答えよう。 解答 P.41 思考・判断・表現

質問　本校を志望した理由を教えてください。

答え　はい。看護師になるのが、私の夢だからです。私の母は看護師で、毎日、元気に生き生きと働いていらっしゃいます。その影響もあって、私は幼い頃から、自分も看護師になりたいって思ってました。

質問　高校生活でがんばったことは何ですか。

答え　部活です。バスケ部に所属していました。二年生までは補欠でしたが、一生懸命練習を重ねて、県大会にはレギュラーとして出れました。

質問　部活動をとおして、どのようなことを学びましたか。

答え　たくさんありますが、やはり最もよく学んだことは、チームワークの大切さです。バスケは、個人の力が優れているだけでは試合には勝てません。チームメイトとよく話し合ったり、連携プレーに取り組んだりし、そういったことが、とても大切であることを学びました。

質問　趣味はありますか。

答え　えーっと、読書かなあ。最近では、日本の医療の問題点を論じた本も読むようにしています。

① この文章中には、敬語が誤って使われている部分がある。その部分を一文節で抜き出し、正しく書き直そう。

（　　　）→（　　　）

② ――線部は、面接で使うべき改まった表現ではない。適切な表現に改めよう。

（　　　）

③ この文章中には「ら抜き言葉」が使われている。その「ら抜き言葉」を一文節で抜き出し、適切な表現に書き直そう。

（　　　）→（　　　）

④ この文章中には、改まった表現としてはふさわしくない文がある。その文を抜き出し、適切な表現に書き直そう。

（　　　）→（　　　）

⑤ 文章中にある略語二つに線を引き、省略しない形に書き直そう。

（　　　）（　　　）

レッスン1　通信文を書き分ける(1)

# 便箋の手紙

学習日　月　日

検印

解答 P.42〜43

## 基本ワーク

**1** 次の中から一つ選び、改まった形式の手紙を、便箋に手書きで書いてみよう。　思考・判断・表現

① 職場見学でお世話になった企業の人に、お礼の気持ちを伝える。
② 中学校の同窓会の案内を、かつての同級生に届ける。
③ お世話になった先生に、高校生活の様子を伝える。

### ◆改まった手紙の書き方

① 便箋や封筒は白色で、飾りのないものを使う。
② 黒インクで書く。
③ 形式を整えて書く。
（「手紙の基本的な形式」参照）
④ 宛名は正確に書く。
⑤ お礼状はできるだけ早く出す。

### ◆手紙の基本的な形式

① **前文**
**頭語**　…拝啓、謹啓、拝復、前略など。
**時候の挨拶**　…新緑の候、盛夏の候、など。
**安否の挨拶**　…いかがお過ごしでしょうか、私は元気で暮らしております、など。

② **主文**
**手紙の用件**　…依頼、案内、お礼、おわび、見舞い、断り、など。

③ **末文**
**結びの挨拶**　…皆様によろしくお伝え

ください、ご自愛ください、など。

結語　…敬具、敬白、草々、など。

④　後付

日付、差出人姓名、相手の姓名

＊主文に書きもらしたことを、「追伸」「再伸」と記して最後に書き加えることもある。

**2** 封筒表に住所、宛名を、裏に差出人の住所、氏名を書こう。

思考・判断・表現

〈封筒表〉

切手

□□□-□□□□

〈封筒裏〉　封じ目に「〆・緘（かん）・封」などと書く。

□□□-□□□□

レッスン1 通信文を書き分ける(2)

# はがき

学習日 月 日

解答 P.43～44

検印

## 基本ワーク

思考・判断・表現

**1** 次の例を参考に、はがきを書いてみよう。

〈例〉・祖父母や親戚にプレゼントをもらったお礼
・季節のあいさつ（年賀状、暑中見舞いなど）
・中学の同窓会の案内

〈はがき裏〉

◆時候の挨拶の例

一月 新春の候、寒風の候
二月 春寒の候、余寒の候
三月 早春の候、春暖の候
四月 陽春の候、春日の候
五月 新緑の候、薫風の候
六月 梅雨の候、麦秋の候
七月 盛夏の候、七夕の候
八月 立秋の候、晩夏の候
九月 初秋の候、秋色の候
十月 秋冷の候、紅葉の候
十一月 晩秋の候、夜寒の候
十二月 初冬の候、師走の候

〈はがき表〉

切手

□□□-□□□□

□□□-□□□□

◆はがき表、封筒表の書き方

(1)住所は右上から一、二行で書く。
(2)宛名は中央に住所よりも大きめの字で書く。
(3)個人名の場合は「様」、団体名の場合は「御中」と書く。
(4)自分の住所、氏名は宛名より小さく、低い位置に書く。
(5)郵便番号は算用数字で枠内に書く。

**2** 次のはがきは、中学の同窓会の案内に対する返信用はがきである。出席か欠席かを決めて、返事を書いてみよう。

思考・判断・表現

〈返信用はがき裏〉

ご出席
ご欠席
ご住所
ご芳名

〈返信用はがき表〉

切手

101-××××

東京都千代田区△△六―七―八

大橋 勇太 行

返信

□□□-□□□□

レッスン2 電話を使いこなす

# 電話を使いこなす

学習日 月 日

解答P.44

検印

## 基本ワーク

思考・判断・表現

次は、ある二つの会社における、社員同士の電話のやりとりである。空欄①〜③ではどのような話し方をすればよいか、考えてみよう。

＊電話が鳴る。

D「はい。ベータ商事でございます。」

A「お世話になっております。株式会社アルファ、営業部のAと申します。企画課のB様はいらっしゃいますでしょうか。」

①

| ア Bさんではなく別の人が出て、すぐBさんに取り次ぐ場合 | イ Bさん不在の場合 |
|---|---|
| | |

A「初めまして。新しく御社を担当することになりましたAと申します。

②

| Aの上司であるC部長が、Bさんに日頃からお世話になっていることを伝える場合 |
|---|
| |

お忙しいところ恐縮ですが、一度御社に伺い、ご挨拶をさせていただきたいと思っております。」

B「わかりました。○月○日の○時頃なら都合がよいのですが、いかがでしょうか。」

◆電話での言葉遣い

(1) 原則として敬体（「です・ます体」）を用いる。

(2) 自分側のことには謙譲語を用いる。自分側の人間には敬称をつけない。

〈例〉

・わが社、うちの会社
　↓ 弊社、小社
・Aといいます → Aと申します
・行きます → 伺います
・C部長が → （部長の）Cが

(3) 相手側のことには尊敬語を用いる。

〈例〉

・△△商事さん → 御社、貴社
・いますか → いらっしゃいますか
・言う → おっしゃる
・来てください → お越しください

③

○月○日の○時の都合が悪い場合

B「では、○月×日の○時ではいかがですか？」
A「ありがとうございます。○月×日の○時に伺います。よろしくお願いいたします。失礼いたします。」

**確認ワーク**　思考・判断・表現

**次は、ある会社の社員Eと客とのやりとりである。傍線部①〜⑦を適切な話し方に直そう。**

**＊電話が鳴る。**

E「大変待たせちゃいました①。湯島商事です。」
客「部長の山下さん、いますか。」
E「あいにく山下さんは、今いません②。失礼ですが、名前を教えてもらったりできますか③。」
客「神田商事の橋本です。」
E「神田商事の橋本さんっすね④。よかったら、用件を聞いて山下さんに伝えてあげますよ⑤。」
客「では、近いうちに会いたいと伝えてください。」
E「はーい⑥。わかりましたー。では、さようなら⑦。」

| ① | ② | ③ | ④ | ⑤ | ⑥ | ⑦ |
| --- | --- | --- | --- | --- | --- | --- |
| | | | | | | |

レッスン3 メディアと情報

# メディアと情報

学習日 月 日

解答 P.45

検印

## 基本ワーク

思考・判断・表現

気になっているニュースや話題になっているできごとについて、メディアごとの取り上げ方を比べてみよう。

ニュースやできごと

⑴同じメディアの異なる報道機関を比べる。（二社の新聞、二つのテレビ局、など）

| メディア | | |
|---|---|---|
| 気づいた点 | ・ | |
| | ・ | |

⑵同じ報道機関の中で比べる。（一面と社会面、朝と夜のニュース、など）

| メディア | | |
|---|---|---|
| 気づいた点 | ・ | |
| | ・ | |

(3)異なるメディアを比べる。（新聞とテレビ、新聞とインターネット、など）

| メディア | 気づいた点 |
| --- | --- |
| | |
| | |

**確認ワーク** 思考・判断・表現

次のそれぞれのメディアについて、①、②の観点で調べ、まとめなさい。

| 報道機関名 | ① その日のトップニュース | ② 自分が関心のあるニュースがどのように伝えられていたか |
| --- | --- | --- |
| | | |
| | | |
| | | |
| | | |
| | | |

レッスン1 相手や場面に応じた会話

# 相手や場面に応じた会話

学習日 月 日

解答 P.45

検印

## 基本ワーク

思考・判断・表現

次はレストランでの客と店員のやりとりである。店員のせりふをふさわしい言葉遣いに直してみよう。

店員「いらっしゃいませ。一人なんですか。」

①

客「はい。一人です。」

店員（他の店員に）「一人来ましたー。」

②

（客に）「じゃあ、こっちの席でどうっすか。」

③

客「はい。けっこうです。」

店員「じゃあ、メニューをお持ちになりますね。お待ちしてください。」

④

店員（メニューを渡して）「注文はどうしますか。」

⑤

客「ランチセットとコーヒーをお願いします。」

### ◆場にふさわしい敬語表現

接客のときなどは、日常的な言葉遣いではなく、改まった言葉遣いのほうがふさわしい。

(1) 物事を丁寧に表す

一人→お一人　席→お席　食事→お食事

(2) くだけた表現を避ける

じゃあ、それじゃあ→では、それでは

こっち、そっち、あっち→こちら、そちら、あちら

どうっすか→いかがでしょうか

(3) 尊敬語・謙譲語

来る　尊敬語に→　来店される、いらっしゃる

持ってくる　謙譲語に→　お持ちする、持って参る

待つ　尊敬語に→　お待ちになる、お待ちくださる

店員「コーヒーは食後がよろしかったでしょうか。」

⑥ [ ]

客「はい。食後にしてください。」

店員「わかりました。」

⑦ [ ]

## 確認ワーク

思考・判断・表現

次は、生徒が職員室で、先生に部活動を休みたいと申し出る場面である。傍線部の言い足りないところを補ってふさわしい言葉遣いに直そう。

生徒「先生。①」

先生「どうした。」

生徒「明日、部活、休みたいんだけど。②」

先生「なぜ？」

生徒「明日は用事があってダメなんだ。③」

先生「困ったな。避けられない用事なの？」

生徒「そう。④」

先生「仕方ないね。休んでいいよ。」

生徒「……………。⑤」

| ① | ② | ③ | ④ | ⑤ |
| --- | --- | --- | --- | --- |
| | | | | |

# 言葉遊びを楽しもう

基本ワーク　主体的態度　解答 P.46

## 名前で折句をつくろう

折句（アクロスティック）とは、各行頭の文字をつなげると、意味のある言葉になるように作られた詩や語句のことである。

いっも
ちょっとだけ
はらはら
らんらんるんるん
ゆったり
のんびり

市原結乃
○○高等学校三年A組

## 澄むと濁るの違いにて

清音と濁音を入れ替えることで違う言葉になるものを用いて、おもしろい文句を作る。

〈例〉：「世の中は、澄むと濁るの違いにて。」
「ふぐに毒あり。福に徳あり。」

「世の中は、澄むと濁るの違いにて。」

## クロスワードパズル

【ヨコのカギ】

1 紛争の□□□となるできごと。
5「益虫」の対義語。
7 人生の□□っぷち。
8 もっと物事を□□□□に考えなよ。
10 とんぼの幼虫。
11 打率は一割五分四□□。

【タテのカギ】

1 月は□□□に日は西に。
2 声を□□にして言う。
3 □□□□て首が痛い。
4 わらを集めて縄を□□。
6 温泉で立ちのぼるもの。
8 □□にも衣装。
9 スライスしていない食パンの数え方。

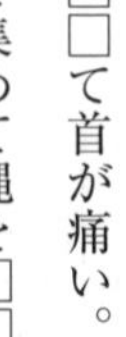
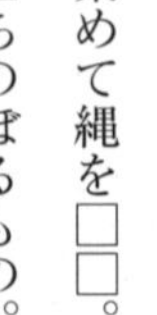

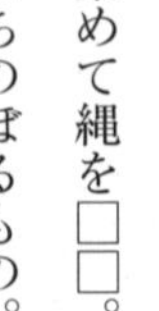
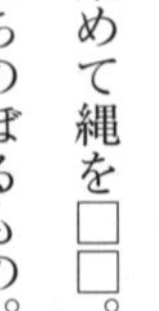
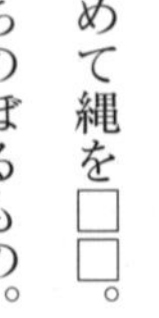
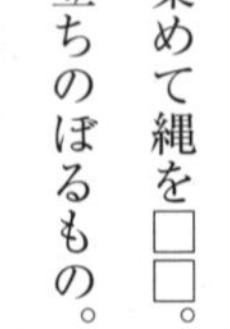
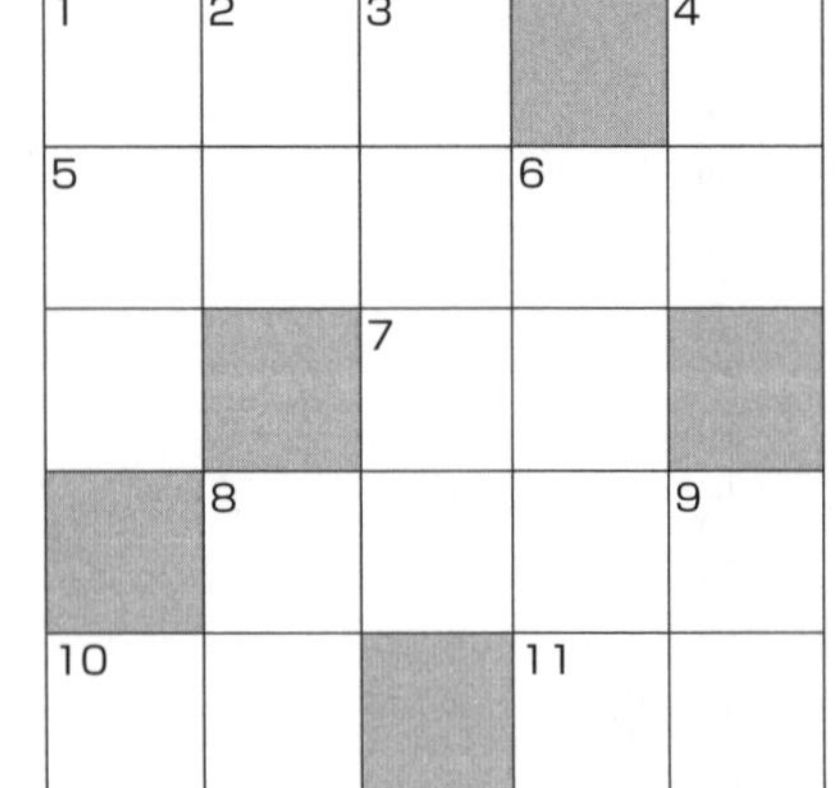

# 国語基礎力強化ワーク

「1　言葉と出会う」の内容は、あらゆる国語の力の基礎となるものです。何度も繰り返し問題練習に取り組むことで、しっかりとした力がつき、発表したり文章を書いたりするときに役に立ちます。

表記・漢字や敬語のワークと、練習課題「チャレンジテスト」に挑戦してみましょう。

# 1 仮名遣いの決まり

学習日　月　日

解答 P. 46

検印

仮名遣いの決まりを理解し、正しく書けるようにしよう。

1 「ワ」「エ」「オ」と発音する助詞 →「は」「へ」「を」と書く。

例 ぼくは元気です。
毎日、学校へ行く。
母校を愛している。

2 「ジ」「ズ」と発音する部分は、原則として「じ」「ず」と書く。

例 かじ（火事）　いちじるしい（著しい）
みず（水）　しずか（静か）

次のような場合は、「ぢ」「づ」と書く。

① もとは「ち」「つ」だった音が濁った場合。

例 はな（鼻）＋ち（血）→ はなぢ（鼻血）
こ（小）＋つかい（遣い）→こづかい（小遣い）

② 同音が連続したため、「ち」「つ」が濁った場合。

例 ちぢむ　つづく　つづる

3 ア列・イ列・ウ列の長音（のばす音）は、それぞれ「あ」「い」「う」をそえて書く。

例 カーサン → かあさん
イーブン → いいぶん（言い分）

**1** 次の言葉の読み方を、仮名遣いに気をつけて平仮名で書こう。　知識・技能

〈例〉静か → しずか

① 縮む →

② 傷つく →

③ 三日月 →

④ 続く →

⑤ 衛生 →

⑥ 氷 →

⑦ 命じる →

⑧ 王政 →

⑨ 地震 →

⑩ 通り →

⑪ 申す →

⑫ 遠い →

⑬ 多い →

⑭ 言う →

⑮ 片付く →

⑯ 公 →

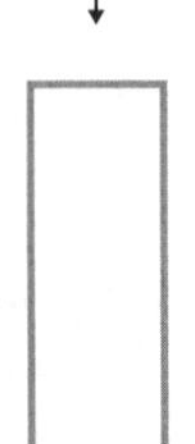
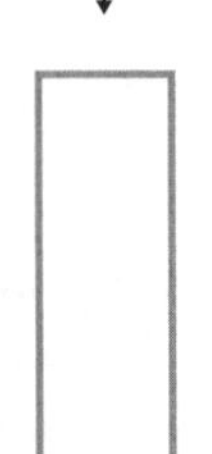
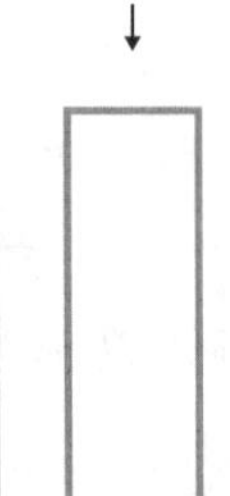
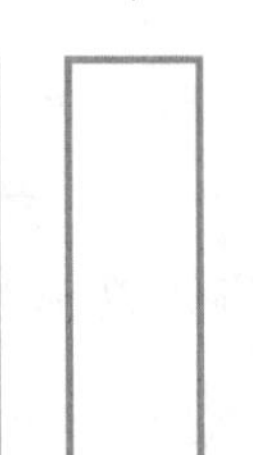

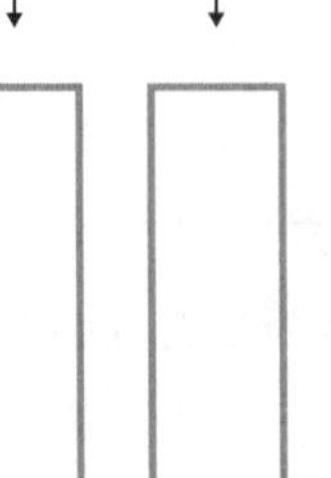
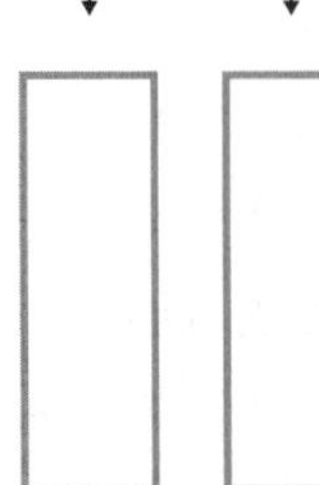
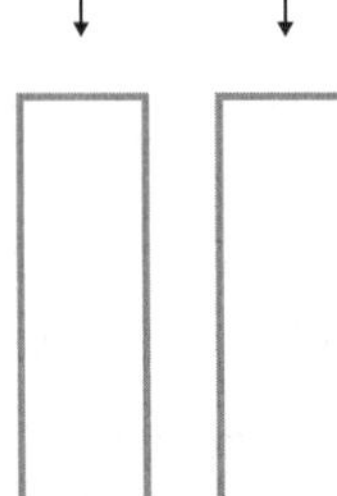
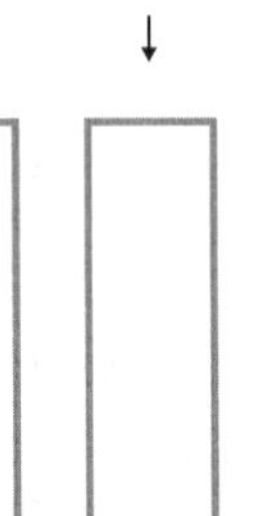
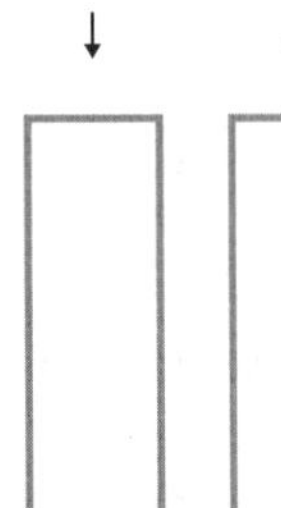
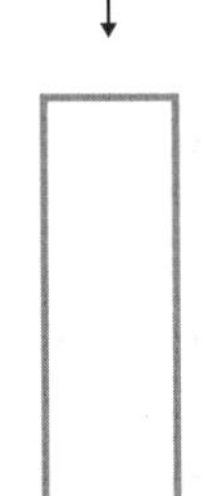

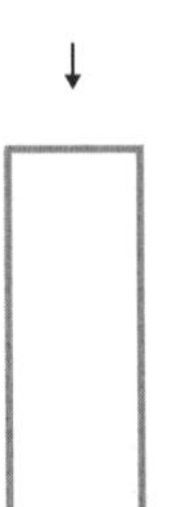

ヒント！ 「オ列の長音」は、「う」をそえて書くのが原則。「お」をそえて書く例外の語は覚えよう。

4　エ列の長音は、原則として「え」をそえて書く。

例　ネーサン　↓　ねえさん

クーキ　↓　くうき（空気）

次のような語は、エ列の長音として発音されたり、「エイ」「ケイ」などと発音されたりするが、表記としては「い」をそえて書く。

例　エーセー　↓　えいせい（衛生）

ケーシキ　↓　けいしき（形式）

5　オ列の長音は、原則として「う」をそえて書く。

例　トーサン　↓　とうさん

オーコク　↓　おうこく（王国）

コージョー　↓　こうじょう（工場）

ノーギョー　↓　のうぎょう（農業）

歴史的仮名遣いで「ほ」「を」と書くものは、「お」をそえて書く。

例　オーヤケ　↓　おおやけ（公・おほやけ）

トーリ　↓　とおり（通り・とほり）

トドコール　↓　とどこおる（滞る・とどこほる）

オーキー　↓　おおきい（大きい・おほきい）

トー　↓　とお（十・とを）

6　促音や拗音は上の字の右下に小さくそえて書く。

例　切った　ちゃ（茶）　しゅうい（周囲）

ちょうし（調子）　いらっしゃる

---

**2**　次の①～⑤には、仮名遣いが間違っている部分がそれぞれ二か所ずつある。間違っている部分を指摘し、正しく書き直そう。　知識・技能

〈例〉ぼくわ、彼の言葉にいちぢるしく傷つけられた。

ぼくわ　↓　ぼくは　　いちぢるしく　↓　いちじるしく

① こんにちわ、今日はどちらにいらしやるの。

② 雪、あるいわ強風の影響で、作業がとどこうる場合があります。

③ やさしいおねいさんが、えんぴつの持ち方をてえねいに説明してくれた。

④ 私と兄も、おうむね同じようなことにおこずかいを使う。

⑤ 言われたとうりに歩いたつもりだったが、道に迷っていることに気ずいた。

# 2 送り仮名の付け方

送り仮名の決まりを理解し、正しく書けるようにしよう。特別な送り仮名をする語を確認しよう。

学習日　月　日

解答 P.46

検印

■送り仮名の規則

1 活用する語

① 活用する語は、原則として活用語尾を送る。

例 動詞…走る　届く　生きる
形容詞…軽い　早い　賢い
形容動詞…主(おも)だ　楽だ　変だ

② 「…しい」の形の形容詞は、「し」の字から送る。

例 楽しい　優しい　美しい

③ 「…かだ」「…やかだ」「…らかだ」の形の形容動詞は、「か」「や」「ら」の字から送る。

例 暖かだ　細(こま)やかだ　朗らかだ

④ もとになる語がある場合、もとの語の送り方に従う。

**1** 読みに合わせて、漢字に送り仮名を付けよう。　知識・技能

〈例〉おもい → 重［い］

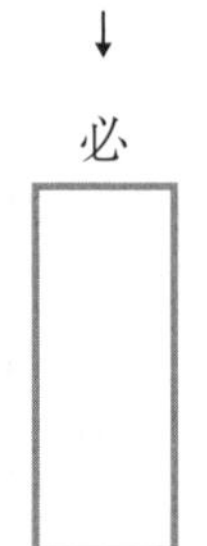
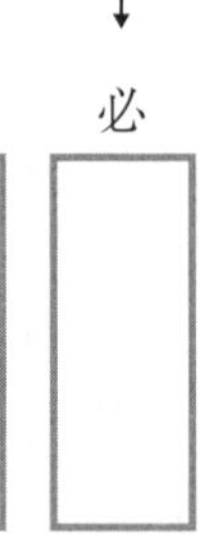
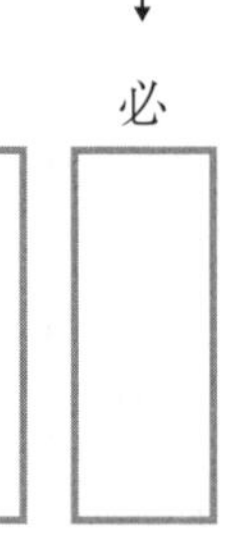
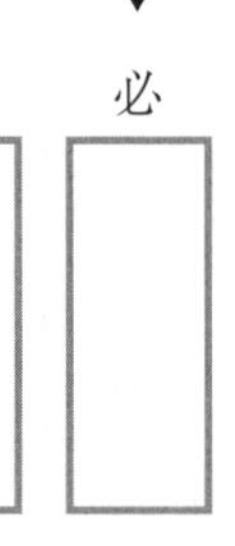
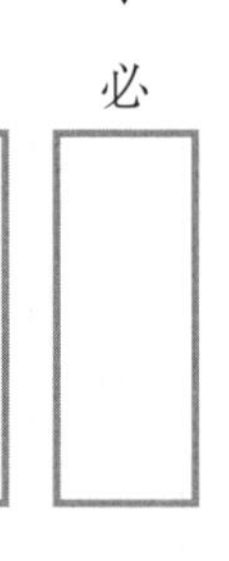
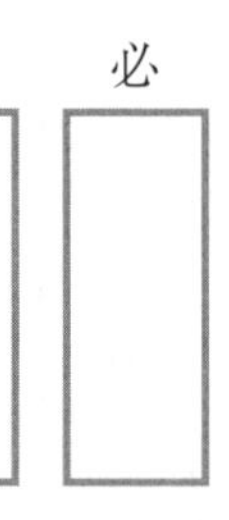
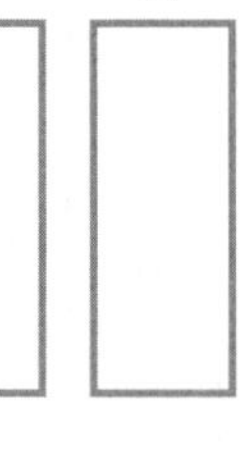
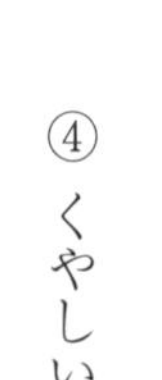

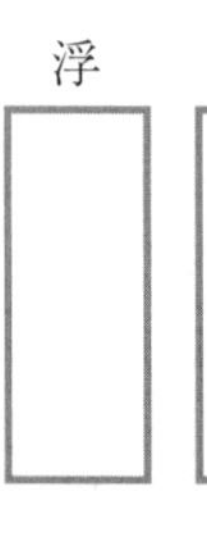
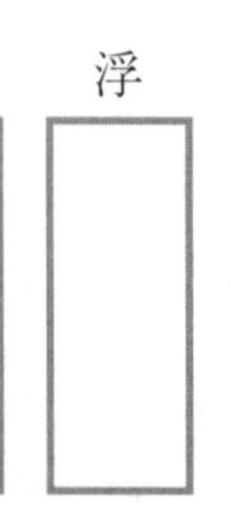

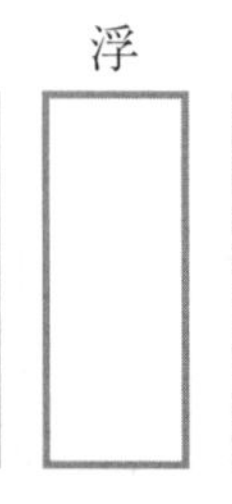
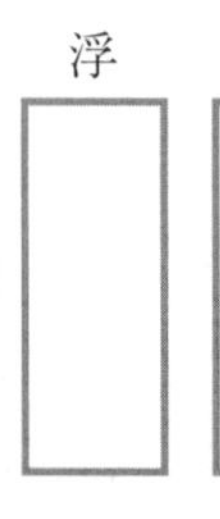
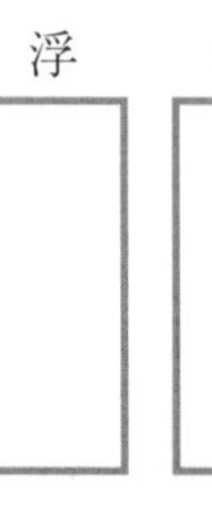
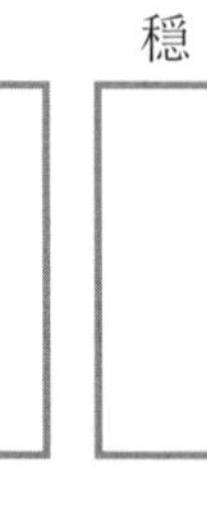

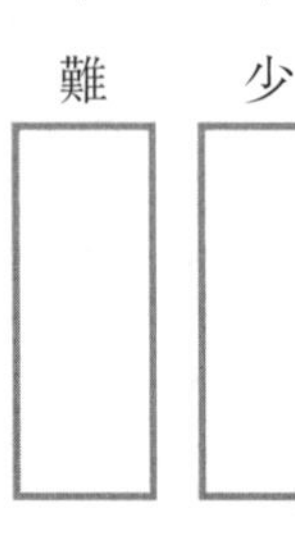
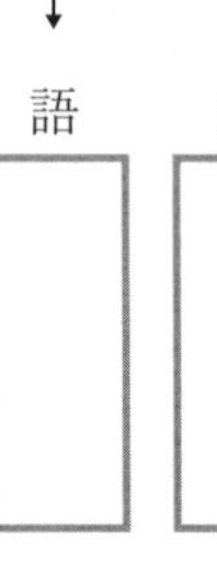
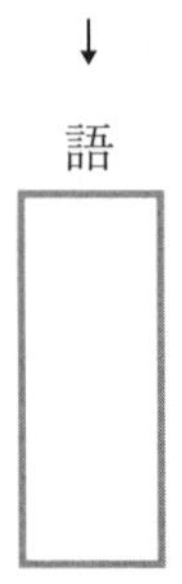

① かならず → 必［　］
② とどく → 届［　］
③ かしこい → 賢［　］
④ くやしい → 悔［　］
⑤ しずかだ → 静［　］
⑥ おだやかだ → 穏［　］
⑦ うかべる → 浮［　］
⑧ うわつく → 浮［　］
⑨ こごえる → 凍［　］
⑩ やわらぐ → 和［　］
⑪ きこえる → 聞［　］
⑫ すくない → 少［　］
⑬ いさぎよい → 潔［　］
⑭ むずかしい → 難［　］
⑮ すこやかだ → 健［　］
⑯ かたらう → 語［　］

ヒント！ ⑦「うく」の送り仮名の付け方から考える。⑩「やわらぐ」は、原則に当てはまらない送り方をする語。

例　浮かべる↑浮く

⑤　読み間違いをさけるため、送り仮名を増やして送る。

例　食らう…活用語尾は「う」だが、「食う」と書くと「くう」との区別ができないため。
捕まる・捕える　群がる・群れる
和らぐ・和む　危ない・危うい
冷たい・冷える

2　活用しない語

①　名詞は、原則として送り仮名を送らないが、次の名詞は、最後の音節を送る。

例　辺り　勢い　幾ら　後ろ　半ば　幸い
幸せ　互い　便り　情け　斜め　災い

②　ほかの語をもとにしてできた名詞は、もとの語の送り仮名の付け方をもとに送る。

例　動く↓動き　重い↓重さ
楽しい↓楽しみ　華やかだ↓華やかさ

③　副詞は、最後の音節を送る。

例　副詞…全く　常に　必ず　再び

**2**　次の①〜⑥は、送り仮名が間違っている。正しく書き改めよう。　知識・技能

①　承わる　↓
②　明かるい　↓
③　楽み　↓
④　陥いる　↓
⑤　確だ　↓
⑥　情深い　↓

**3**　次の文中から送り仮名の間違っている部分を抜き出し、正しく書き改めよう。　知識・技能

①　難しくて全ったく解けない問題。

②　叔父は、優しくて朗がらかな人柄だ。

③　日常の小さな幸わせを最も大切にしたい。

④　役員が決まらず話合いが長引く。

⑤　危ういところで難を逃がれた。

# 仮名遣い・送り仮名

チャレンジテスト⑥

本書 P.6〜9・118〜119

解答 P.47

学習日　月　日

／100

検印

▼仮名遣い

問1　次の言葉を、すべて平仮名で書こう。　知識・技能　24点〈各3点〉

① 地面　② 近々　③ 茶筒　④ 頭痛
⑤ 大通り　⑥ 容量　⑦ 氷　⑧ 一応

① ② ③ ④ ⑤ ⑥ ⑦ ⑧

問2　読みを正しく現代仮名遣いで書いたものを、後のア〜エから選び、記号で答えよう。　知識・技能　6点〈各3点〉

① 頬杖
ア ほうずえ　イ ほうづえ
ウ ほおずえ　エ ほおづえ

② 朝礼
ア ちょおれい　イ ちょうれい
ウ ちょおれえ　エ ちょうれえ

問3　次のア〜エから仮名遣いの間違いを含む文を一つ選び、記号で答えよう。　知識・技能　12点〈各3点〉

①
ア 朝からうっとおしい気分だ。
イ あそこにおおきな犬がいるね。
ウ 部長の一言で、皆ちぢみあがったよ。
エ 美しい字でつづられた日記が見つかった。

②
ア ちょうどよい時刻に駅に到着することができた。
イ 彼は、なかなか人ずきのする性格の人物だ。
ウ 熱のために糸がすっかりちじれてしまった。
エ 「うちわ」や「おうぎ」を使うことが少なくなった。

③
ア 雪は、翌日の朝までふりつづいた。
イ 次回は、大阪か、あるいわ名古屋で会おう。
ウ 母は、庭の落葉をほうきできれいに掃いた。
エ 私は、ごく簡単なみじかい話をした。

④
ア あの山の向こうのさらにとうくに彼は住んでいる。
イ 初めのうちは、変なあじのする料理だと感じていた。
ウ とにかく手ぢかなところから始めた方がよい。
エ 君が力になってくれると聞いて心づよく思ったよ。

## ▼送り仮名

本書 P.10～11・120～121

**問4　〈例〉のように、送り仮名の正しいものに○をつけよう。**　知識・技能　36点〈各3点〉

〈例〉力強く（㋐ 戦う　イ 戦かう）。

① 光が（ア 輝く　イ 輝やく）。

② 家臣を（ア 率る　イ 率いる）。

③ 人を（ア 助ける　イ 助る）。

④ 我が子はまだ（ア 幼い　イ 幼ない）。

⑤ 彼の名字は（ア 珍しい　イ 珍らしい）。

⑥ 寒さで手が（ア 凍ごえる　イ 凍える）。

⑦ 水はまだ（ア 冷い　イ 冷たい）。

⑧ ここは（ア 静だ　イ 静かだ）。

⑨ 話し合いは、（ア 和かに　イ 和やかに）進んだ。

⑩ 彼は、（ア 朗らかに　イ 朗がらかに）言った。

⑪ とても（ア 頼しい　イ 頼もしい）人だ。

⑫ 二人の意見は（ア 異る　イ 異なる）。

---

**問5　次の――線部は、送り仮名が間違っている。正しく書き直そう。**　知識・技能　12点〈各3点〉

① 問題は自のずから解決した。

② 流れに逆って泳ぐ。

③ 敵の攻撃から逃がれた。

④ 将来について悩やむ。

**問6　次の①～⑤の漢字は、送り仮名によって読み方が変わるものである。――線部の読みを平仮名で書こう。**　知識・技能　10点〈各2点〉

① 優　ア 優しい　イ 優れる

② 治　ア 治る　イ 治める

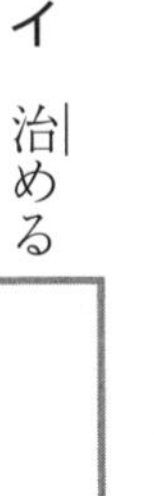

③ 新　ア 新しい　イ 新たに

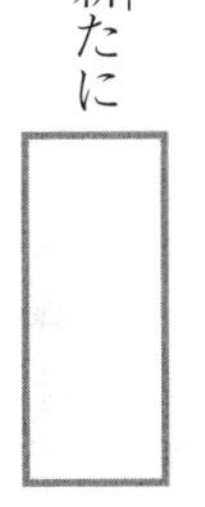

④ 苦　ア 苦い　イ 苦しい

⑤ 負　ア 負ける　イ 負う

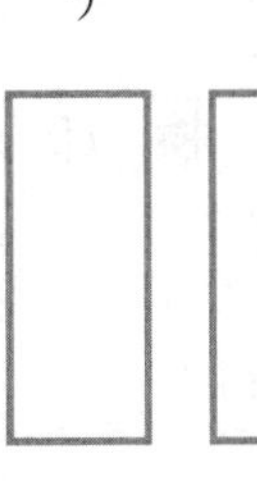

国語基礎力強化ワーク

# 気をつけたい同音異義語

学習日　月　日

解答 P.47

検印

■同音異義語

発音が同じで意味が異なる熟語。

例　たいしょう
対照　性質などの違いが際立っていること。照らし合わせ、比べること。
対称　つり合っていること。対応があること。
対象　活動が向けられる相手。目的。

■同音異義語の使い方

前後の内容に合わせ、意味の通じるものを選んで使う。

例　仲のよい兄弟だが性格は対照的だ。
人間の体は左右対称にはできていない。
女性を対象としたアンケートを行う。

■よく使われる同音異義語

かいとう ｛試験の模範解答を見る。／アンケートに回答する。｝

かいほう ｛施設を市民に開放する。／人質を解放する。｝

**1** 〈例〉のように、（　）内に示した読みを参考にして、次の文中の□にあてはまる漢字を書き入れよう。　知識・技能

〈例〉試験の［解］答用紙を配る。（かいとう）

① 文学史に［　］心を持っている。（かんしん）
② 思いがけず上手にできていて［　］心した。（かんしん）
③ ドアは、大きく［　］放されていた。（かいほう）
④ 捕まえていた野生動物を［　］放した。（かいほう）
⑤ 保［　］所は地域の公衆衛生活動をになっている。（ほけん）
⑥ 事故に備えて保［　］に入ることにした。（ほけん）

ヒント！　前後の内容から判断しよう。漢字自体の意味にも注意しよう。

かんしん
- できばえのすばらしさに感心する。
- 心理学に強い関心を抱く。

けっさい
- 不動産の取り引きの決済をする。
- この案件は、社長の決裁を仰ごう。

さいご
- 列の最後に並び直す。
- 祖母の最期をみとる。

じったい
- 実体のない夢にすぎない。
- 国民の生活の実態を知る。

しゅうしゅう
- 資料を収集する。
- 混乱を収拾する。

とくちょう
- この製品の特長を説明します。
- あまり特徴のない人物だ。

はいしゅつ
- 二酸化炭素の排出を抑える。
- 母校は著名人を多く輩出している。

ほけん
- 保健室でしばらく休んだ。
- 生命保険に加入する。

ほしょう
- 彼の身元は私が保証するよ。
- 国家の安全保障について考える。
- 事故の損害を補償する。

## 2 次の文中の――線部を、後の［　］内の漢字を使って書こう。（同じ字を二度使ってもかまわない。） 知識・技能

① 転職する際に、身元ホショウ人が必要となった。

② 損害をホショウするよう、事故を起こした企業に対して申し入れた。

③ 選挙では、社会ホショウ制度の拡充を有権者に訴えるつもりだ。

障　保　証　償　補

① ［　　］　② ［　　］　③ ［　　］

ヒント！ ①は確かだと請け合うこと。②は損害をつぐなうこと。③は保護して守ること。

## 3 次の文中の――線部を漢字で書こう。 知識・技能

① この問題については、上司のケッサイを待つべきだ。

② 今は、インターネットを使って売買のケッサイができる。

③ 祖父は、サイゴにあたって一族に遺言をのこした。

④ 会合のサイゴに、もう一度皆で乾杯しよう。

［　　］［　　］［　　］［　　］

ヒント！ ①は権限をもつ人が案の可否を決めること。②は「売買取り引きをすませること」。

# 4 異字同訓の使い分け

学習日　月　日

解答 P.47

検印

■異字同訓

訓読みが同じだが、意味が違う字の使い分けに注意しよう。

例
あらわす
- 表す　表現する。
- 現す　見えるようにする。
- 著す　書物を書いて世に出す。

■同訓の字の選び方

前後の内容に注意し、意味の合う字を選ぶ。似た意味の熟語を考えて使われている字を確かめる。

例
- 気持ちを顔に表す。…表出
- 会場に姿を現す。…出現
- 多くの歴史書を著す。…著作

■よく使われる同訓の字

あたたかい
- 暖かい日差し。
- 温かい料理。

あつい
- 熱い思い。
- 厚い壁。
- 暑い夏。

**1** 次の文中の――線部を漢字と平仮名で書こう。　知識・技能

① 今日は、日が照っているのでアツイ。
② 祖父はアツイお茶が大好きだ。
③ アツイ本を一晩で読み終えた。
④ 時計の針が二時をサス。
⑤ 部屋に日の光がサス。
⑥ ハチが人をサス。
⑦ 大きな成果をオサメル。
⑧ 会費は早めにオサメルのがよい。

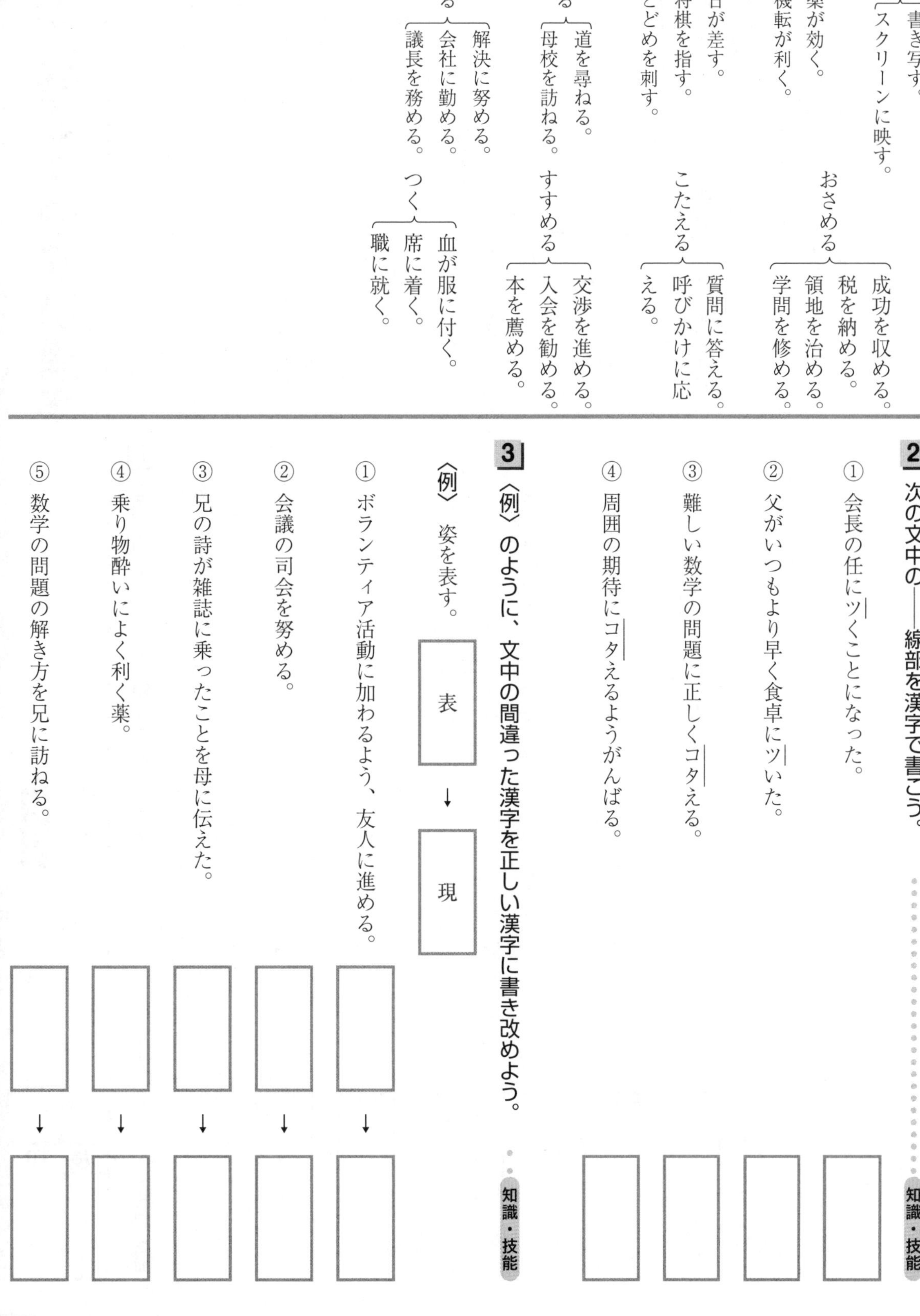

うつす｛書き写す。スクリーンに映す。
きく｛薬が効く。機転が利く。
さす｛日が差す。将棋を指す。とどめを刺す。
たずねる｛道を尋ねる。母校を訪ねる。
つとめる｛解決に努める。会社に勤める。議長を務める。
おさめる｛成功を収める。税を納める。領地を治める。学問を修める。
こたえる｛質問に答える。呼びかけに応える。
すすめる｛交渉を進める。入会を勧める。本を薦める。
つく｛血が服に付く。席に着く。職に就く。

**2** 次の文中の――線部を漢字で書こう。　知識・技能

① 会長の任にツくことになった。
② 父がいつもより早く食卓にツいた。
③ 難しい数学の問題に正しくコタえる。
④ 周囲の期待にコタえるようがんばる。

**3** 〈例〉のように、文中の間違った漢字を正しい漢字に書き改めよう。　知識・技能

〈例〉 姿を表す。　表 → 現

① ボランティア活動に加わるよう、友人に進める。　→
② 会議の司会を努める。　→
③ 兄の詩が雑誌に乗ったことを母に伝えた。　→
④ 乗り物酔いによく利く薬。　→
⑤ 数学の問題の解き方を兄に訪ねる。　→

# 間違えやすい漢字

学習日　月　日

解答 P.47

検印

形が似ていたり、読みが同じだったりする漢字に注意しよう。

## ■形が似ている漢字

漢字の読みやそれぞれの漢字がもつ意味を正確に覚えておこう。

|  |  |  |
|---|---|---|
| えんにち | ○縁日 | ×緑日 |
| かんすい | ○完遂 | ×完逐 |
| くい | ○悔い | ×侮い |
| ことばづかい | ○言葉遣い | ×言葉遺い |
| しょうちょう | ○象徴 | ×像徴　象微 |
| せんりつ | ○旋律 | ×施律 |
| どんよく | ○貪欲 | ×貧欲 |
| はっくつ | ○発掘 | ×発堀 |

## ■読みが同じ漢字

似た意味で同じ読みの漢字と誤りやすい。言葉の意味を正しくつかんでおこう。

|  |  |  |
|---|---|---|
| いわかん | ○違和感 | ×異和感 |
| かくさく | ○画策 | ×画作 |
| かんてつ | ○貫徹 | ×完徹　貫撤 |
| きょうい | ○驚異 | ×驚威　脅異 |
| じゅんしん | ○純真 | ×純心 |

**1** 〈例〉のように、——線部を漢字で書こう。　知識・技能

〈例〉ホケン室で休んだ。　保健

① 大臣はイカンの意を表明した。

② 全力を出し切ったので負けてもクいはない。

③ 任務のカンスイを第一に考える。

④ その選手はキョウイ的な記録を打ち立てた。

⑤ 自分の欠点をシテキされたら、素直に反省しよう。

⑥ 早めにセンモン家の意見を聞くべきだ。

⑦ ドクソウ的な作風の新人作家が現れた。

⑧ 子どもたちをインソツしてハイキングに行く。

⑨ ちょっとしたイワカンを覚えた。

⑩ 有名な学者のコウギを聞いた。

⑪ 誰よりもドンヨクに知識を求めた。

⑫ 子どもの頃の夢はボウケン家になることだった。

**2** 文中の間違った漢字を抜き出し、正しい漢字に書き改めよう。 知識・技能

〈例〉王は、威義を正して命令を下した。 義 → 儀

① 読書クラブに入るよう歓誘を受けた。 → 

② 集中豪雨で多くの家に侵水の被害が出た。 → 

③ 体栽ばかりを気にしていると、行動的になれない。 → 

④ 複習することで、学力が確かなものになる。 → 

⑤ みんなで一諸に作業を始める。 → 

⑥ 難しい演技を完壁にこなした。 → 

---

| | | | |
|---|---|---|---|
| ちゅうもん | ○注文 | ×注問 | |
| どくそうてき | ○独創的 | ×独想的 | |
| なかば | ○半ば | ×中ば | |
| ばいばい | ○売買 | ×買売 | |
| ひょうしょう | ○表彰 | ×表賞 | |
| ゆうち | ○誘致 | ×誘地 | 誘置 |
| よだん | ○予断 | ×余断 | |

■読みが同じで形も似ている漢字

紛らわしい熟語では、部首の意味が熟語に合っているか確かめてみよう。

| | | | |
|---|---|---|---|
| いかん | ○遺憾 | ×遺感 | |
| いぎ | ○威儀 | ×威義 | |
| いんそつ | ○引率 | ×引卒 | |
| かんがい | ○感慨 | ×感概 | |
| かんぺき | ○完璧 | ×完壁 | |
| きけん | ○危険 | ×危倹 | 危検 |
| ぎせい | ○犠牲 | ×犠性 | 儀牲 |
| こうぎ | ○講義 | ×構義 | 講議 |
| してき | ○指摘 | ×指敵 | 指適 |
| しんがい | ○侵害 | ×浸害 | |
| せいせき | ○成績 | ×成積 | |
| せんもん | ○専門 | ×専問 | |
| ていさい | ○体裁 | ×体栽 | |
| ふくしゅう | ○復習 | ×複習 | |
| ぼうけん | ○冒険 | ×冒検 | |

チャレンジテスト⑦

# 同音異義語・異字同訓・間違えやすい漢字

解答 P.47　学習日　月　日　／100　検印

▼同音異義語　本書 P.12〜13・124〜125

問1　適切な熟語を選び、記号で答えよう。　知識・技能　27点〈各3点〉

① 高校の課程を（ア 修了　イ 終了）する。
② このままでは、失敗は（ア 必死　イ 必至）だ。
③ 部活動と（ア 平行　イ 並行）して受験勉強をする。
④ 住民にルールを（ア 周知　イ 衆知）させる。
⑤ 国の安全（ア 補償　イ 保障）政策を定める。
⑥ 事態は思いがけない（ア 進展　イ 伸展）を見せた。
⑦ 自然の（ア 原状　イ 現状）回復は難しい。
⑧ マラソンで（ア 脅威　イ 驚異）的な記録が出る。
⑨ 変化の原因を（ア 糾明　イ 究明）する。

問2　次の文中の――線部を漢字で書こう。　知識・技能　16点〈各2点〉

①
ア　セイサンと供給のバランスが崩れる。
イ　交通費をセイサンして請求する。

②
ア　キョクチ的に雨が降る。
イ　美のキョクチに達する。

③
ア　著名な作家のコウエンを聞く。
イ　若手俳優のコウエンが光った。

④
ア　事故のために交通がキセイされる。
イ　キセイの概念を打ち破ろうとする。

▼異字同訓　本書 P.12～13・126～127

問3　正しい漢字で書かれているほうを選び、記号で答えよう。　知識・技能　15点〈各3点〉

① 父は、役場に（ア 勤め　イ 務め）ている。
② 暑さのために食べ物が（ア 痛　イ 傷）んだ。
③ 権利を（ア 冒す　イ 侵す）ことは許されない。
④ 川に立派な橋が（ア 架かる　イ 掛かる）。
⑤ 自分の姿を鏡に（ア 写す　イ 映す）。

問4　次の文中の――線部を、正しい漢字にして書き改めよう。　知識・技能　15点〈各3点〉

① 新しい機能を供えた機械。
② 彼は突然消息を断った。
③ クラスで多数決を執る。
④ 目的地までの道順を訪ねる。
⑤ 薬が利いて、頭痛が治った。

▼間違えやすい漢字　本書 P.12～13・128～129

問5　次の文中から間違った漢字を抜き出し、〈例〉のように書き改めよう。　知識・技能　27点〈各3点・完答〉

〈例〉先生が生徒を引卒する。　卒 → 率

① 取引先から商品の注問を受ける。
② 言葉の重復を避けて表現する。
③ 失敗を契期として方針を見直す。
④ なお余断を許さない病状だ。
⑤ 災害で多くの犠性者が出た。
⑥ 鉄橋の老旧化が著しい。
⑦ プロに匹適するほどの腕前だ。
⑧ そういう言い方では誤弊がある。
⑨ 試作品の出来ばえは完壁だった。

# 6 よく使われる四字熟語

学習日　月　日

解答 P.47

検印

■数字を含む四字熟語

一日千秋　いちじつせんしゅう
一喜一憂　いっきいちゆう
一騎当千　いっきとうせん
一石二鳥　いっせきにちょう
一長一短　いっちょういったん
二者択一　にしゃたくいつ
三寒四温　さんかんしおん
四苦八苦　しくはっく
七転八倒　しちてんばっとう
十人十色　じゅうにんといろ
千載一遇　せんざいいちぐう
千差万別　せんさばんべつ
千変万化　せんぺんばんか

■読み・書きを誤りやすい四字熟語

一期一会　いちごいちえ（×一後一会、一期一絵）
異口同音　いくどうおん（×異句同音）
一朝一夕　いっちょういっせき（×一鳥一夕、一朝一石）
意味深長　いみしんちょう（×意味深重）
雲散霧消　うんさんむしょう（×雲散無消）
画竜点睛　がりょうてんせい（×画竜点晴）
勧善懲悪　かんぜんちょうあく（×勧善徴悪）
危機一髪　ききいっぱつ（×危機一発）

**1** 〈例〉のように、□に漢字を書き入れて、四字熟語を完成させよう。　…知識・技能

〈例〉一期一［会］（いちごいちえ）

① 異□同音（いくどうおん）
② 雲散□消（うんさんむしょう）
③ 無我□中（むがむちゅう）
④ 五里□中（ごりむちゅう）
⑤ 絶□絶命（ぜったいぜつめい）
⑥ 画竜点□（がりょうてんせい）

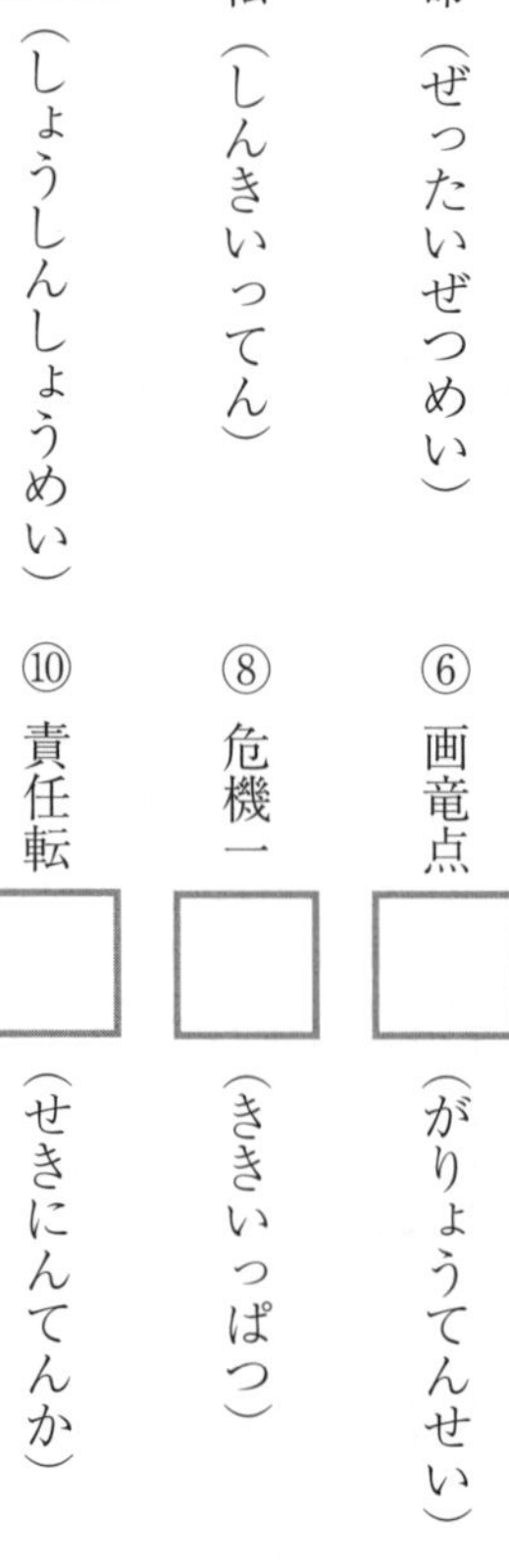

⑦ 心□一転（しんきいってん）
⑧ 危機一□（ききいっぱつ）
⑨ 正真正□（しょうしんしょうめい）
⑩ 責任転□（せきにんてんか）
⑪ 疑心暗□（ぎしんあんき）
⑫ 厚顔無□（こうがんむち）

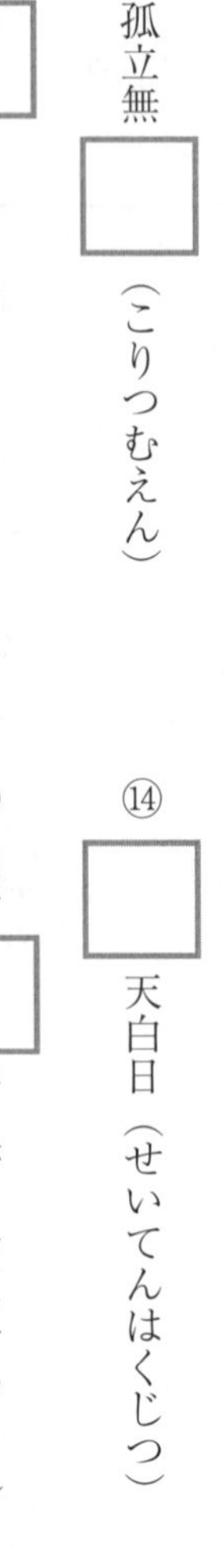

⑬ 孤立無□（こりつむえん）
⑭ □天白日（せいてんはくじつ）
⑮ □刀直入（たんとうちょくにゅう）
⑯ 独断□行（どくだんせんこう）

疑心暗鬼　ぎしんあんき（×疑心暗気）
決選投票　けっせんとうひょう（×決戦投票）
厚顔無恥　こうがんむち（×紅顔無恥、厚顔無知）
孤立無援　こりつむえん（×孤立無媛）
五里霧中　ごりむちゅう（×五里夢中）
言語道断　ごんごどうだん（×言語同断）
自画自賛　じがじさん（×自我自賛）
正真正銘　しょうしんしょうめい（×正真正名）
心機一転　しんきいってん（×心気一転）
青天白日　せいてんはくじつ（×晴天白日）
責任転嫁　せきにんてんか（×責任転化）
絶体絶命　ぜったいぜつめい（×絶対絶命）
単刀直入　たんとうちょくにゅう（×短刀直入）
独断専行　どくだんせんこう（×独断潜行）
無我夢中　むがむちゅう（×無我無中）

■意味を誤りやすい四字熟語

以心伝心　いしんでんしん
＝言葉を使わずに気持ちが伝わること。
針小棒大　しんしょうぼうだい
＝大げさに表現すること。
馬耳東風　ばじとうふう
＝助言や忠告などを真剣に聞かないこと。
付和雷同　ふわらいどう
＝むやみに他人の意見に同調すること。
傍若無人　ぼうじゃくぶじん
＝周囲に配慮せずに、思ったように振る舞うこと。

**2** 〈例〉のように、次の文中の□に当てはまる漢字を書こう。　知識・技能

〈例〉この方法なら、［一］石［二］鳥の成果をねらえる。

① 夫の帰郷を□日□秋の思いで待ちわびた。

② 急な腹痛のせいで□転□倒の苦しみを味わった。

③ これは□載□遇のチャンスだ。

**3** 〈例〉のように、次の意味の四字熟語を書こう。　知識・技能

〈例〉言葉を使わずに気持ちが伝わること。［以心伝心］

① 自分で自分のことを褒めること。□

② 追い詰められて逃れようのない状態にあること。□

③ 人目をはばからず好き勝手にふるまうこと。□

④ ささいなことを誇張して表現すること。□

⑤ 一つ間違えば大変なことになるという瀬戸際の状態。□

# 覚えておきたい慣用句

学習日　月　日

解答P.48

検印

■慣用句

二語以上が結びついて、ある決まった意味を表すようになった言葉。教えや戒めを含む「ことわざ」とは異なる。

■体の一部が入った慣用句

足　足が出る…予算より出費が大きくなる。
足を洗う…悪い仕事などをやめる。
足を引っ張る…仲間の行動などの邪魔になる。

腕　腕が上がる…上達する。
腕をふるう…力を十分に発揮する。

顔　顔が利く…名が通っていて融通が利く。
顔が広い…多くの人を知っている。

肩　肩で風を切る…堂々といばって歩く。
肩を並べる…力が同じくらいである。

舌　舌鼓(したつづみ)を打つ…おいしいものに満足する。
舌を巻く…驚く、感心する。

手　手が出ない…自分の力が及ばない。
手に汗を握る…強い不安や緊張を感じる。
手を焼く・手に余る…もてあます。

**1** 次の文中の□に、体の一部を表す漢字一字の言葉を書き入れよう。　知識・技能

① 姉は、アイスクリームに□がない。
② あまりの細工の細かさに、誰もが□を巻いた。
③ 何とかして彼の□を明かしたいものだと、皆で計略を練った。
④ 遠縁の男が、生まれた子どものために悪事から□を洗ったそうだ。
⑤ 調節がなかなかうまく行かず□を焼いた。
⑥ あの人は□が広いから、よい人を紹介してくれるだろう。
⑦ 彼は自信ありげに□で風を切って歩きだした。
⑧ 自分の能力を□にかけているようでは、真の名人とは言えない。
⑨ 新入部員たちは、先輩の□を借りて練習するうちに成長した。
⑩ 自ら□をふるった料理で客をもてなすのが楽しみだ。

鼻　鼻にかける…うぬぼれて自慢する。
鼻をあかす…出し抜く。

腹　腹をくくる…覚悟を決める。
腹を割る…隠さずに本心を打ち明ける。

目　目がない…非常に好きである。
目に余る…見過ごせないほどひどい。

胸　胸が躍る…期待などでわくわくする。
胸を借りる…力のある相手に練習してもらう。

■語句や表記を誤りやすい慣用句

合いの手を入れる（×合いの手を打つ）
足をすくう（×足元をすくう）
怒り心頭に発する（×怒り心頭に達する）
上を下への大騒ぎ（×上や下への大騒ぎ）
間髪を入れず（×間発を入れず）
木で鼻をくくる（×木で鼻をつまむ）
声を荒らげる（×声を荒げる）
食指が動く（×食指がそそられる）
寸暇を惜しんで（×寸暇を惜しまず）
取り付く島もない（×取り付く暇もない）
二の足を踏む（×二の足を演じる）
二の舞いを演じる（×二の舞いを踏む）
的を射る（×的を得る）

**2** 次の文中の□に当てはまる言葉を書き入れよう。　知識・技能

① 相手の話に、うまく合いの手を［　　］。
② 意外な人物から［　　］をすくわれてしまった。
③ それは、まことに的を［　　］発言だ。
④ 彼女は、まさに怒り心頭に［　　］といった様子だった。
⑤ 会話がはずまないので、間が［　　］。
⑥ 会社では、［　　］下への大騒ぎだった。
⑦ 父に頼んでみたが、取り付く［　　］もない様子だった。
⑧ 指示が出たので、間髪を［　　］に実行に移した。
⑨ 木で鼻を［　　］ような返事しかもらえなかった。
⑩ 目標達成に向けて寸暇を［　　］働いた。

チャレンジテスト⑧

# 四字熟語・慣用句

解答 P.48　学習日 月 日　／100　検印

▼四字熟語　本書 P.14〜15・132〜133

問1　次の四字熟語の読みを平仮名で書こう。　知識・技能 24点〈各3点〉

① 異口同音
② 言語道断
③ 老若男女
④ 一朝一夕
⑤ 一期一会
⑥ 画竜点睛
⑦ 千変万化
⑧ 千差万別

問2　次の□にあてはまる四字熟語を後の□から選び、漢字に改めて答えよう。　知識・技能 28点〈各4点〉

① 試合に負けて、すっかり□してしまった。
② 事業の見通しは立たず、まだ□だ。
③ □のピンチから、なんとか逃れられた。
④ 彼の□な振る舞いは、皆の反感を買った。
⑤ 彼は、□で新しい研究に取り組んだ。
⑥ □、新たな気持ちでがんばりたい。
⑦ 強力な味方を得て、不安は□した。

ぜったいぜつめい　むがむちゅう　いきしょうちん
うんさんむしょう　ごりむちゅう　しんきいってん
ぼうじゃくぶじん

## ▼慣用句

本書 P.14〜15・134〜135

**問3 〈例〉のように、慣用句として正しいものに○をつけよう。**

知識・技能 24点〈各2点〉

〈例〉 あいづちを（㋐打ち　イ 出し）ながら話を聞く。

① 待っているうちに嫌気が（ア 差して　イ 起きて）きた。
② よい香りに思わず食指が（ア そそられた　イ 動いた）。
③ いざ決行の段になって、二の足を（ア 踏む　イ 演じる）。
④ 彼の発言は、実に的を（ア 射て　イ 得て）いる。
⑤ それを聞いて、私も怒り心頭に（ア 達した　イ 発した）。
⑥ まさに水を（ア 向けた　イ 得た）魚のようだ。
⑦ 途中まで行って、きびすを（ア 戻した　イ 返した）。
⑧ 官僚が私腹を（ア 肥やす　イ 増やす）ことは許されない。
⑨ まるで狐（きつね）に（ア 遊ばれた　イ つままれた）ような話だ。
⑩ 彼は、歯に衣（きぬ）（ア 着せる　イ 着せぬ）物言いが持ち味だ。
⑪ 師の言葉に、弟子は襟を（ア 正した　イ 直した）。
⑫ くもの子を（ア 散らす　イ まく）ように逃げ出した。

---

**問4 次の――線部が正しければ○、間違っていれば□に正しく書き直そう。**

知識・技能 16点〈各4点〉

① この事件を対岸の喧嘩（けんか）として済ますわけにはいかない。　□
② まるで重箱の隅を楊枝（ようじ）でほじくるような指摘を受けた。　□
③ どうやら、彼に白羽の矢が刺さったということらしい。　□
④ 私は、この時を手ぐすねを引いて待ちかまえていたのだ。　□

**問5 次の□に当てはまる言葉を書こう。**

知識・技能 8点〈各4点〉

① そのような計画は、しょせん□の楼閣にすぎない。　□
② どんなに□の空論を振りかざしても、何の役にも立たない。　□

# 敬語の分類と使い分け

学習日　月　日

解答P.48

検印

■敬語の三分類と五分類

尊敬語　…動作の主体を高めていう。
　いらっしゃる、お（ご）～になる、など

謙譲語　…動作の受け手を高めていう。
　伺う、承る、お（ご）～する、など

丁寧語　…相手（聞き手・読み手）に対して丁寧にいう。
　です、ます、ございます

謙譲語を謙譲語Ⅰと謙譲語Ⅱ（丁重語）に分け、美化語を加えて五分類とする考え方もある。

| 五分類 | 例 | 三分類 |
|---|---|---|
| 尊敬語 | いらっしゃる、など | 尊敬語 |
| 謙譲語（謙譲語Ⅰ） | 伺う、承る、など | 謙譲語 |
| 丁重語（謙譲語Ⅱ） | 参る、申す、など | |
| 丁寧語 | です、ます、ございます | 丁寧語 |
| 美化語 | お金、おトイレ、など | |

謙譲語（謙譲語Ⅰ）は動作の受け手を高めるのに対し、丁重語（謙譲語Ⅱ）は伝える相手に対して改まっていう語として区別する。

〈例〉○先生のところに伺います。
　　×弟のところに伺います。　｝謙譲語（謙譲語Ⅰ）

**1**　次の文の――線部の敬語の種類（尊敬語・謙譲語・丁寧語）を答えよう。　知識・技能

① お隣からおみやげをいただいた。　［　　］
② 辞書はこちらにございます。　［　　］
③ 先生が果物をお買いになる。　［　　］
④ あなたのおっしゃる意味がわかりません。　［　　］
⑤ 貴重なお話を伺う。　［　　］
⑥ 筆記用具は私どもでご用意いたします。　［　　］
⑦ これが学校までの地図です。　［　　］
⑧ お客様の荷物をお預かりする。　［　　］
⑨ 担当者を私からご紹介します。　［　　］

○先生のところに参ります。
○弟のところに参ります。 } 謙譲語Ⅱ（丁重語）

美化語は、物事を上品に美しくいう語として、独立させたもの。

■**尊敬語と謙譲語**

尊敬語と謙譲語は混同することがないよう注意しよう。

| | 尊敬語 | 謙譲語 |
|---|---|---|
| する | なさる・される | いたす |
| いる | いらっしゃる | |
| 言う | おっしゃる | 申し上げる・申す |
| 行く・来る | おいでになる<br>いらっしゃる | 参る・伺う |
| 思う | おぼしめす | 存ずる |
| 食べる・飲む | 召し上がる | いただく |
| 見る | ご覧になる | 拝見する |
| 与える・くれる | くださる | 差し上げる |
| もらう | | いただく |
| 聞く・尋ねる | | 伺う・承る |
| 会う | | お目にかかる |
| その他 | お（ご）～になる<br>（お話しになる<br>ご出席なさる）<br>～れる・られる<br>（話される<br>出かけられる） | お（ご）～する<br>（お聞きする<br>ご案内する） |

**2** 〈例〉にならって、①～⑧を尊敬語に書き換えよう。 知識・技能

〈例〉 する → なさる・される　持つ → お持ちになる

① いる →
② 言う →
③ 食べる →
④ 与える →
⑤ 行く →
⑥ 見る →
⑦ 書く →
⑧ 指導する →

**3** 〈例〉にならって、①～⑧を謙譲語に書き換えよう。 知識・技能

〈例〉 する → いたす　持つ → お持ちする

① 言う →
② 見る →
③ 聞く →
④ 与える →
⑤ 食べる →
⑥ 会う →
⑦ 伝える →
⑧ 説明する →

チャレンジテスト⑨

# 敬語の分類と使い分け

解答 P.48　学習日　月　日　／100　検印

▼敬語の分類と使い分け　本書 P.34〜35・138〜139

**問1　次の①〜③の――線部の語の敬語の種類を後のア〜ウから選び、記号で答えよう。**　知識・技能　6点〈各2点〉

① 各国の大使はもうすでに会場にいらっしゃる。　□

② 外国からのお客様に日本の人形を差し上げる。　□

③ あちらにございます土器が、先日、私が発見したものです。　□

**ア**　尊敬語　**イ**　謙譲語　**ウ**　丁寧語

**問2　次の①・②の――線部を適切な敬語表現に改める場合に最も適切なものを、それぞれ後のア〜エから選び、記号で答えよう。**　知識・技能　6点〈各3点〉

① この話は田中さんという方から伺ったものです。

**ア**　申す　**イ**　申される　**ウ**　おっしゃる　**エ**　おっしゃられる　□

② A社の部長は、さきほど帰りました。

**ア**　ご帰宅いたしました　**イ**　お帰りになりました　**ウ**　お帰りになられました　**エ**　ご帰宅申し上げました　□

**問3　次の①〜⑥の文の――線部を、（　）内の指示に従って適切な敬語表現に改めよう。**　知識・技能　24点〈各4点〉

① 先生は、三時にそちらに行くはずだ。（六字で。）

② 私は、先生に何もかも言うことにした。（五字で。）

③ その方には、私も会ったことがあります。（五字で。）

④ 先生の研究の内容についてくわしく聞いた。（「先生」への敬意を表して、「伺う」以外の表現を使って五字で。）

⑤ 先日、先生のお宅に行きました。（「先生」への敬意を加えて、五字で。）

⑥ 駅前のカフェでお客様が待っている。（「お客様」への敬意と聞き手に対する丁寧な気持ちを表して、一〇字で。）

問4　ア〜オから敬語の使い方が間違っているものを選び、記号で答えよう。　知識・技能　16点〈各4点〉

① ア　これは来賓に召し上がっていただくために用意したものだ。
イ　山田さんのご子息は、今年ご卒業なさったばかりだ。
ウ　当会の会長から、皆さまにご挨拶をなさいます。
エ　私の母校を、ぜひ一度ご覧ください。
オ　その線よりこちら側でお待ちください。

② ア　あちらの案内所でお聞きしてください。
イ　では、私がお読みしましょう。
ウ　こちらにおいでになるのは何年ぶりですか。
エ　その件については既に承っております。
オ　ぜひお早めにお越しください。

③ ア　今日は市長に申し上げたいことがあって参りました。
イ　先生がお書きになった本を拝見しました。
ウ　私の父からコーチにお話があるそうです。
エ　私のお父さんが、そちらに資料をお持ちいたします。
オ　今度、皆で先輩のお宅に伺うことになりました。

④ ア　お客様からうれしいお言葉をいただきました。
イ　あなたのおばあさまはいつも何を召し上がりますか。
ウ　町内会長をどこでお待ちすることにしましょうか。
エ　校長先生が、急いでこちらに来られました。
オ　理事長は、五時にいらっしゃられるはずです。

問5　次の①〜④の文中の――線部A〜Cを、適切な敬語表現に書き改めよう。　知識・技能　48点〈各4点〉

① その品物は、私の$_A$お姉さんがすぐそちらに$_B$お届けになりますから、それまで$_C$お待ちしてください。

A
B
C

② 局長に早急に$_A$お会いになりたいのですが、今、どちらに$_B$いらっしゃられますか。教えて$_C$もらえないでしょうか。

A
B
C

③ 先生の$_A$手紙を$_B$ご覧になりまして、御親切なお言葉に甘えることに$_C$なさいました。

A
B
C

④ あなたが$_A$おいでになられると$_B$お聞きになったので、$_C$会うことを楽しみにしておりました。

A
B
C

基礎からはじめる　国語の表現力　トレーニングノート
©大修館書店　2023

初版第１刷———2023 年 4 月 1 日

編者————大修館書店編集部
発行者————鈴木一行
発行所————株式会社 大修館書店
〒 113-8541 東京都文京区湯島 2-1-1
電話 03-3868-2651（販売部）03-3868-2290（編集部）
振替 00190-7-40504
［出版情報］ https://www.taishukan.co.jp

装丁————内藤惠子
写真提供————Fast & Slow/PIXTA（ピクスタ）
印刷所————横山印刷株式会社
製本所————株式会社難波製本

ISBN978-4-469-32256-9　Printed in Japan
Ⓡ本書のコピー、スキャン、デジタル化等の無断複製は著作権法上での例外を除き禁じられています。本書を代行業者等の第三者に依頼してスキャンやデジタル化することは、たとえ個人や家庭内での利用であっても著作権法上認められておりません。
＊落丁本・乱丁本はお取替えいたします。

　　　２年１組ＩＴ活用実態調査の報告

　　　　　　　　　　２年１組　田村良太

　情報化社会と言われる現代日本――。ＩＴ（Information Technology）は生活に欠かせないものとなっている。私は２年１組のみなさんがどのようにＩＴ機器を活用しているのか知りたいと考え，アンケート調査を実施した。以下，その結果と考察をまとめる。

１　調査の概要

　アンケートは２年１組の計43名（男子23名，女子20名）を対象とし，10月４日に配布，翌日の５日に回収した。アンケート項目と集計結果の詳細は別紙のとおりである。

## 横書き原稿用紙の書き方

- 数字は原則として算用数字を用いる。ただし、「一つ」「一概に」「一日中」「三日月」など、慣用が決まっているものは漢数字を用いる。
- 原則として、算用数字やアルファベットの小文字は、一マスに二字入れ、アルファベットの大文字は、一マスに一文字入れる。
- 読点「、」のかわりにコンマ「，」を用いてもよい。

## 記号の使い方

**原則として１字分を用いる**

- 。**句点**　文の終わりに用いる。
- 、**読点**　意味の切れ目などを示し、文を読みやすくする。打つ位置に明確な決まりはないが、主に次のような箇所に打つ。
  - ・意味の切れ目
  - ・並列で語句を並べるとき
  - ・接続詞の後
  - ・長い主語の後
- ・**中点**　名詞の並列の場合に用いる。また、外来語の表記などでも用いる。
- 「」**かぎ**　会話、引用、強調したい語句、作品名などに用いる。
- 『』**二重かぎ**　「」の中にさらに「」を使いたいときに用いる。また、書名などに用いる。
- （）〈〉〔〕括弧類　補足説明などに用いる。

**原則として２字分を用いる**

- ――**ダッシュ**　注や補足説明、また、文に間をもたせたいときなどに用いる。
- ……**点線**　会話で無言の場合、言いかけてやめる場合、文末に余韻をもたせる場合などに用いる。

# 原稿用紙の使い方（縦書き）

原稿用紙の使い方の原則を示した。絶対的なルールがあるわけではないが、これを参考にして書くようにしよう。

**題名**
一行目を空けて、二行目の三、四字目から書く。

**書き出し**
氏名から一行空けて、最初の一字を空けて書き始める。

**氏名など**
三行目に下を一、二字空けて書く。
姓と名の区切れ目がわかりにくい場合は、間を一字空ける。

**改行**
段落が変わるときに改行し、最初の一字を空ける。

　　　年賀状は手書きで
　　　　　　　　　三年B組　山口　悠

　年賀状は、電子メールと手書きのどちらで送るのがよいだろうか。私は、手書きのほうがよいと考える。
　なぜなら、自分が手書きの年賀状をもらうと、相手が自分のことを思って貴重な時間を割いてくれたことをうれしく感じるからだ。

基礎からはじめる

# 国語の表現力トレーニングノート

解答・解説編

大修館書店

# 1 言葉と出会う

## レッスン1 言葉と表記(1) 仮名遣い

▼問題P.6〜9

### ■ウォームアップ

**基本ワーク** ▼問題P.6

①

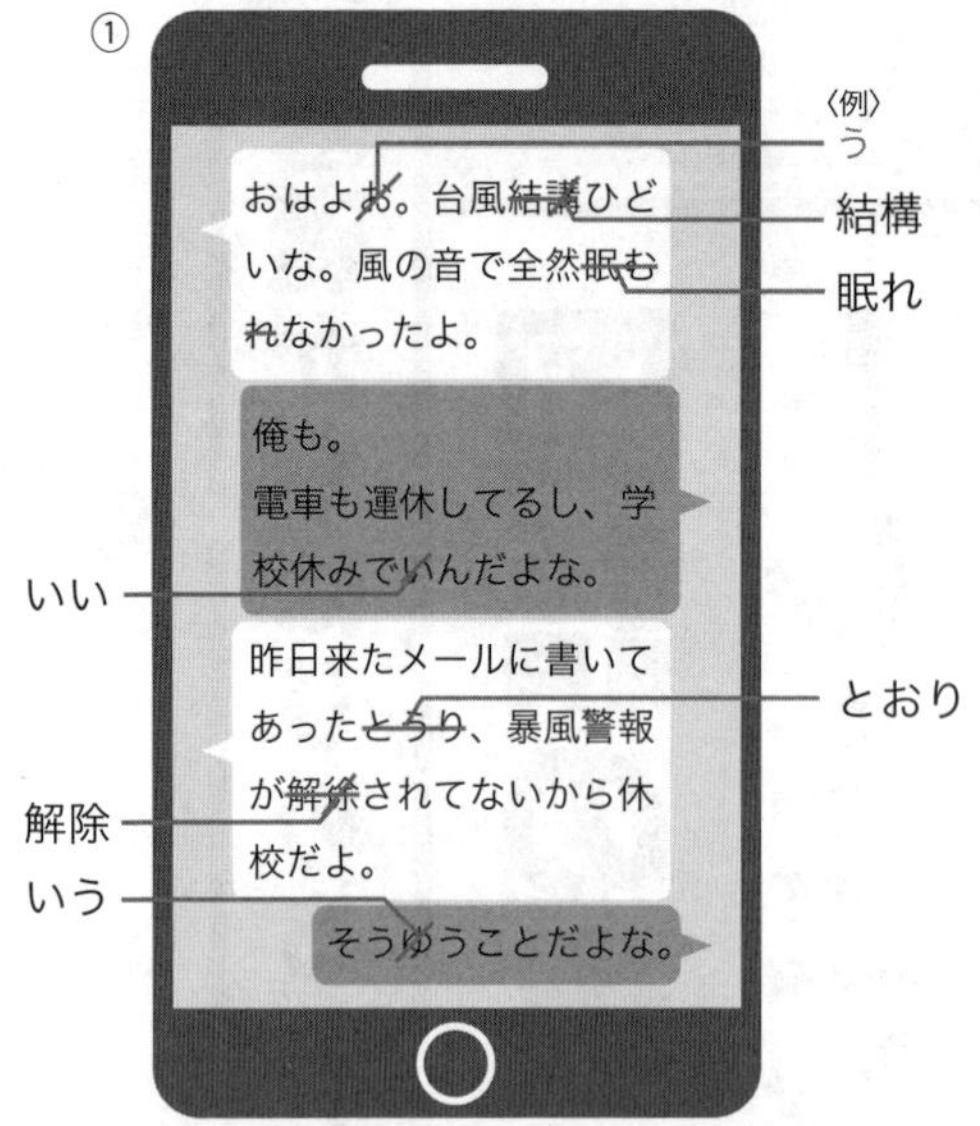

おはよお。台風結講ひどいな。風の音で全然眠むれなかったよ。
〈例〉う
結構
眠れ
俺も。
電車も運休してるし、学校休みでいんだよな。
いい
昨日来たメールに書いてあったとうり、暴風警報が解徐されてないから休校だよ。
とおり
解除
そうゆうことだよな。
いう

②

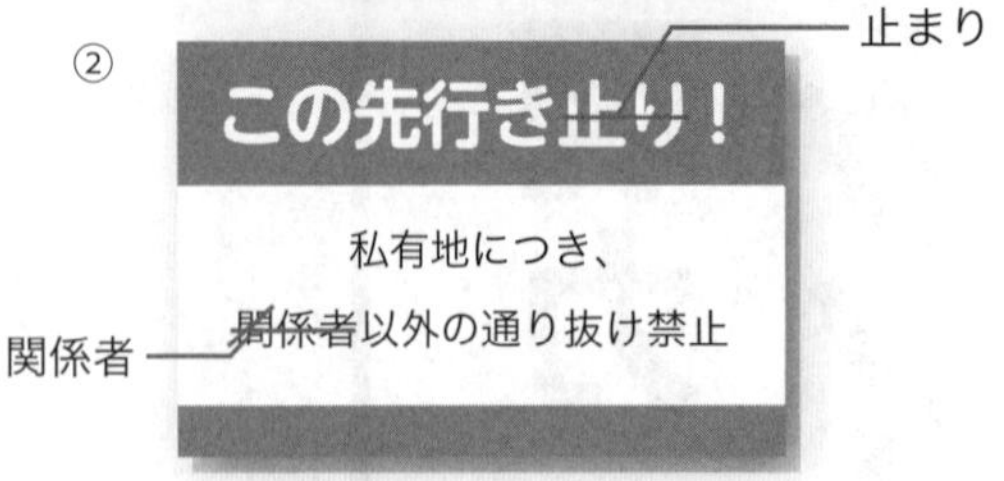

この先行き止り！
私有地につき、
関係者以外の通り抜け禁止
止まり
関係者

---

①②図参照

**解説** 長音の表記などの仮名遣い、送り仮名の誤り、漢字の誤りがある。この後それぞれの学習で確認していこう。

### ■仮名遣い

**基本ワーク** ▼問題P.7〜8上段

①郵送またわ電子メールで申し込む。↓または
②いつもどうり、朝七時に起きた。↓どおり
③とおさんとの約束はずっと忘れない。↓とうさん
④野球部はちかじか大事な試合を控えているそうだ。↓ちかぢか
⑤散らかった部屋をかたずける。↓かたづける
⑥手に持ったおにぎりを思い切りほうばる。↓ほおばる
⑦絶対に最後までやりとうすつもりだ。↓やりとおす
⑧彼が優秀であることはゆうまでもない。↓いうまでもない
⑨生まれたばかりの子犬たちはとてもいとうしい。↓いとおしい
⑩企画の中止はやむおえないことだ。↓やむをえない
⑪資料にもとずいて説明する。↓もとづいて
⑫「こんにちわ」と元気にあいさつする。↓こんにちは

**解説**

①「または」の「は」は、「私は〜」「学校は〜」の「は」と同じく助詞なので、「は」と書いて「わ」と読む。

②⑥⑦⑨オ列の音を伸ばすときは「う」と書くのが原則だが、歴史的仮名遣いで「いつもどほり」「ほほばる」「やりとほす」「いとほしい」と書くため、例外的に「いつもどおり」「ほおばる」「やりとおす」「いとおしい」と表記する。同様の例に「こおり」「とどこおる」「おおい」などがある。

③オ列の音を伸ばすときは「う」と書く。

④⑤⑪「ちかぢか」は「ちか（近）＋ちか（近）」、「かたづける」は「かた

（片）＋つける」、「もとづく（基づく）」は「もと＋つく」。二つの語の連合によって「ち」「つ」が濁る場合は、「ぢ」「づ」と表記する。

⑧動詞の「言う」は、「ユー」と発音しても「いう」と書くのが決まり。

⑩「やむをえない」の「を」は、「本を読む」の「を」と同じく助詞の「を」なので、「を」と書く。「〜ざるをえない」「岩をも通す」「よせばいいものを」なども同様の例。

⑫「こんにちは」の「は」は、「私は〜」「学校は〜」の「は」と同じく助詞なので、「は」と書いて「ワ」と読む。

**＊仮名遣いは原則があるものの、例外も多い。よく使う言葉に注意して一つ一つ覚えていこう。**

## 確認ワーク

**▼問題P.8下段〜9**

**1**

①いなずま ②いちじる（しい） ③えいが ④おお（う） ⑤じめん
⑥おおやけ（の場） ⑦（お）ねえ（さん） ⑧おうぎ（の的） ⑨かたづ（け）
⑩けいたい（電話） ⑪とけいだい ⑫ていねい ⑬いきどお（る）
⑭せかいじゅう ⑮うなず（く） ⑯（ろうそくの）ほのお ⑰とどこお（る）
⑱おおどお（り） ⑲（かき）ごおり ⑳おとず（れる）

**解説**

①⑤⑭⑮⑳二語に分解しにくいため「じ」「ず」で書くことが基本である。
②原則として「し」「ち」が濁ると「じ」と書く。
③⑩⑪⑫エ列の音を伸ばすときの例外の語。「い」と書く。
④⑥⑬⑯⑰⑲オ列の音を伸ばすときの例外の語。「お」と書く。
⑦「おねえさん」はエ列の長音なので、原則として直前の母音「え」を用いる。
⑧「オー」と発音するオ列の長音は、「おう」と、オ列の仮名に「う」を添えるのが原則。
⑨二語が組み合わさっている語なので、「づ」と書く。
⑱「大」はオ列の音を伸ばすときの例外の語。「おお」と書く。「通り」は、オ列の長音（トー）なので、「とうり」と書くのが原則だが、歴史的仮名遣いでは「とほり」と書くので、例外的に「とおり」と表記する。

**2**

①けがのため、大会出場はあきらめざるおえない。→あきらめざるをえない
②天気予報のとうり、雪が降ってきた。→とおり
③わかりずらい表現を避ける。→わかりづらい
④友達と、遅くまで遊びほおける。→遊びほうける
⑤力づくで相手をねじ伏せる。→力ずく
⑥社会の厳しさをつくずく感じた。→つくづく
⑦くしゃくしゃにちじれた紙。→ちぢれた
⑧旧友の活躍をひとずてに聞く。→ひとづて
⑨そうゆうわけで、遅刻しました。→そういうわけ
⑩ひざまづいて、祈りをささげる。→ひざまずいて
⑪馬のたずなをしっかり握る。→たづな
⑫こんばんわ。宅配便です。→こんばんは
⑬さかづきで酒を飲む。→さかずき
⑭メール、あるいわ電話でご連絡ください。→あるいは
⑮高速道路の車の音がそおぞおしい。→そうぞうしい
⑯勝負のゆくえをかたづを飲んで見守る。→かたず

**解説**

①助詞の「を」は、「を」と書く。「やむをえない」「岩をも通す」「よせばいいものを」も同様の例。
②「とおり」は同じ状態であるという意味。「通り」と書く。「通り」は、オ列の長音（トー）なので、「とうり」と書くのが原則だが、歴史的仮名遣いでは「とほり」と書くので、例外的に「とおり」と表記する。
③「わかりづらい」は「わかる」＋「つらい」と二語が組み合わさっている語なので、「づ」と書く。
④⑮「オー」と発音するオ列の長音は、「おう」と、オ列の仮名に「う」を添えるのが原則。

⑤現代仮名遣いでは「ぢ」「づ」ではなく、「じ」「ず」を使うのが原則。よって、「力ずく」と表記する。「力づく」も許容とされる。

⑥「つくづく」は「つく＋つく」。二つの語の連合によって「つ」が濁る場合は「づ」と表記する。

⑦同音の連続によって「ち」が濁る場合、「ぢ」と表記する。よって「ちぢれた」となる。

⑧「ひとずて」は「ひと」（人）＋「つて（伝）」。二つの語の連合によって「つ」が濁る場合は、「づ」と表記する。

⑨動詞の「いう（言う）」が元になっている語は「いう」と書いて「ゆう」と読む。

⑩⑯二語に分解しにくいため「ず」で書くことが基本である。

⑪「たづな」は「た（手）」＋「つな（綱）」。二つの語の連合によって「つ」が濁る場合は、「づ」と表記する。

⑫「こんばんは」の「は」は、「私は～」「学校は～」の「は」と同じく助詞なので、「は」と書いて「ワ」と読む。

⑬「さかずき」は「杯」と書き、二語に分解しにくいため「ず」で書くが、「さかづき」も許容とされる。

⑭助詞の「は」が元になっている語は「は」と書いて「わ」と読む。

---

## レッスン1　言葉と表記(2)
# 送り仮名

▼問題P.10～11

### 基本ワーク

▼問題P.10

①全く　②甚だしい　③細やかな　④浮つく　⑤考える　⑥危ない

⑦柔らかな　⑧必ずしも　⑨冷やす　⑩陥れる

**解説**

①「全く」は副詞。副詞は最後の音節を送る。

②副詞「甚だ」の送り仮名の付け方に準じて、「甚だしい」と送る。

③⑦活用語尾の前に「やか」「らか」を含む形容動詞はその音節から送る。

④常用漢字の付表に従って、「浮つく」と送る。

⑤⑩活用のある語は活用語尾を送る。

⑥活用語尾から送る原則に従うと「危い」となるが、「危うい」との混乱を避けるため「危ない」と送る。

⑧「必ず」のような副詞は最後の音節を送る。「必ずしも」も同様。

⑨「冷やす」は、「冷える」の送り仮名の付け方に準じる。

**＊送り仮名も仮名遣いと同様、例外が多いうえに、原則以外の付け方が許容される場合もある。不安なときは辞書で調べよう。**

### 確認ワーク

▼問題P.11

**1**

①漂う　②生まれる　③預かる　④省みる　⑤教わる　⑥訪れる　⑦短い

⑧幼い　⑨難しい　⑩鮮やかだ　⑪朗らかだ

**解説**

①④⑥活用のある語は、原則として活用語尾の部分を送り仮名にする。

②「生まれる」は「生む」の送り仮名の付け方に準じて、「生まれる」と送る。

③活用語尾から送る「預ける」に合わせて「預かる」と送る。

⑤活用のある語は活用語尾を送るのが原則であるが、「教わる」は例外。

⑦⑧「〜い」の形の形容詞は、「い」の部分だけが送り仮名となる。
⑨語幹が「し」で終わる形容詞は「し」から送る。
⑩⑪活用語尾の前に「か」「やか」「らか」を含む形容動詞は、その音節から送る。

**2**
①急な経営不振に陥いる。↓陥る
②遠くから雷鳴が聞える。↓聞こえる
③伝統を重じる心を養う。↓重んじる
④滞おった流れを元に戻す。↓滞った
⑤できるだけ隔りを小さくする。↓隔たり
⑥新しい服はデザインが珍らしい。↓珍しい
⑦身の引き際が潔よい。↓潔い
⑧軽ろやかな気分で試合に臨んだ。↓軽やかな
⑨式典は厳そかに行われた。↓厳かに
⑩憤りのあまり、顔を背むける。↓背ける
⑪大会で輝やかしい成績を収める↓輝かしい

**解説**
①④活用のある語は、原則として活用語尾の部分を送り仮名にする。
②「聞こえる」は「聞く」の送り仮名の付け方に準じる。
③「重んじる」は「重い」の送り仮名の付け方に準じる。
⑤活用のある語から転じた名詞は、元の語「隔たる」の送り仮名に付け方に準ずる。
⑥語幹が「し」で終わる形容詞は「し」から送る。
⑦活用のある語は、形容詞も原則として活用語尾の部分を送り仮名にする。
⑧⑨活用語尾の前に「か」「やか」「らか」を含む形容動詞は、その音節から送る。
⑩「背ける」は「背く」の送り仮名の付け方に準じる。
⑪「輝かしい」は「輝く」の送り仮名の付け方に準じる。

## レッスン1　言葉と表記(3)　漢字

▼問題P.12〜13

### 基本ワーク

▼問題P.12

①注文　②回答　③気遣う　④効く　⑤絶好
⑥熱い　⑦現した　⑧推す　⑨修了　⑩臨む

**解説**
①「注文」は、品物を依頼すること。
②「質問・要求などに答える」という意味なので「回答」と書く。「解答」は試験の設問や問題点などに答えること。
③「遣」は心をあれこれ働かせる意味。
④「効果や効能が現れる」という意味なので、「効く」と書く。
⑤「物事をするのにこの上なくよいこと」という意味なので、「絶好」と書く。「絶交」は交際を断つこと。
⑥「感動・興奮などで体や心がわきたつように感じられる」という意味の「あつい」は「熱い」と書く。「厚い」は、物事の幅が大きい意味。
⑦「姿・形を表に出す」という意味の「あらわす」は「現す」と書く。「表す」は、感情や考えを表に出すなどの意味。
⑧「人やものをある地位などにすすめる」という意味の「おす」は「推す」と書く。「押す」は、動かそうとして力を加えるという意味。
⑨「学業などで、必要な一定の範囲をおさめ終える」という意味なので「修了」と書く。「終了」は、物事が終わる、物事を終えるという意味。
⑩「公的な催しや集まりに出席する」という意味の「のぞむ」は「臨む」と書く。「望む」は、そうあってほしいと思う意味。

### 確認ワーク

▼問題P.13

**1**
①志向　②不振　③転嫁　④精巧　⑤開放　⑥治める　⑦映す
⑧書く　⑨冷めて　⑩敗れた

**解説**

①「精神や意識がある方向に向けられること」という意味なので「志向」と書く。「思考」は、考えること・考え。
②「ふるわない」という意味なので、「不振」と書く。「不審」は、疑わしいこと・いぶかしいこと。
③「他人に押しつけること」という意味なので、「転嫁」と書く。「転化」は、他の状態に移り変わること。
④「細かい点までよくできていること」という意味なので、「精巧」と書く。「成功」は、計画などが思った通りの結果になること。
⑤「制限せず自由に出入りできるようにすること」という意味なので「開放」と書く。「解放」は、束縛されていたものを自由にすること。
⑥「政治を行う」という意味の「おさめる」は「治める」と書く。「修める」は、学問などを学んで自己のものとするという意味。
⑦「姿を鏡などほかの物の上に表し出す」という意味なので「映す」と書く。「写す」は、模写する・まねて作る・写真に撮るという意味。
⑧「文字などを記す・文章をつづる」という意味の「かく」は「書く」。「描く」は、絵や図をえがくという意味。
⑨「熱意などがなくなる」という意味の「さめる」は「冷める」と書く。「覚める」は、眠っていた状態から意識のはっきりした状態に戻ること。
⑩「負ける」という意味の「やぶれる」は「敗れる」と書く。「破れる」は、形などがくずれる・裂ける・失敗して傷つくという意味。

**2**

①兄の詩が雑誌に乗る。↓載る
②この世のすべては諸行無情である。↓諸行無常
③この庭園は左右対照にできている。↓対称
④社長の独断先行で始まった企画だ。↓独断専行
⑤犯罪者を厚生させ社会復帰を促す。↓更生
⑥どちらが正しいか栽判で決着をつける。↓裁判
⑦作品を細部まで完壁に仕上げる。↓完璧
⑧会議で決を執る。↓採る
⑨大学の講議を見学する。↓講義
⑩恋人の関心を買うために贈り物をした。↓歓心

**解説**

①「掲載される」という意味の「のる」は「載る」と書く。「乗る」は、物の上にあがる・乗り物の中に身を置くという意味。
②「すべては移り行き、不変のもの（常）はない」という意味なので、「諸行無常」と書く。「無情」は、思いやりや同情心がないこと。
③「互いに対応してつり合っている」という意味なので、「対称」と書く。「対照」は、二つのものを照らし合わせること。
④「自分だけの判断にもとづいて勝手気ままに行うこと」という意味なので、「独断専行」と書く。
⑤「もとの正しい状態に戻ること」という意味なので、「更生」と書く。「厚生」は、生活を健康で豊かにすること。
⑥「さばく」という意味の語で「裁判」と書く。「栽」は「栽培」などの熟語で使う漢字。
⑦「傷などのない宝玉（璧）のように不足や欠点がなく立派な様子」という意味の語なので、「完璧」と書く。「壁」は「かべ」を表す漢字。
⑧「選び出す・採用する」という意味の「とる」は「採る」と書く。「執る」は、（事務などを）処理するという意味。
⑨大学で行われる「講義」は、もともと「文章や学問の意味をとき明かすこと」という意味。「議」は「話し合う、意見する」などの意味。
⑩「うれしいと思う心」という意味なので、「歓心」と書く。「歓心を買う」は「人の気に入るようにふるまい、機嫌をとる」という意味の慣用的表現。「関心」は、心にとめること・心をひかれること。

## レッスン1　言葉と表記(4)
# 慣用表現
▼問題P.14〜15

### 基本ワーク
▼問題P.14

①意気投合　②血と汗の結晶　③明るみに出る　④言語道断
⑤相づちを打つ　⑥きらほしのごとく　⑦興味津々　⑧二の舞いを演じる
⑨付和雷同　⑩はらわたが煮えくりかえる

**解説**

①「互いの考えや気持ちが一致する」という意味の語。
②「大変な苦労の末にようやく得た成果」という意味の語。
③「明るみに出る」は「隠れていた物事が公になる」という意味の語。
④「言葉で説明する道が断たれる」ことから出た言葉で、「言語道断」と書く。
⑤「鍛冶（かじ）などで互いにつち（鎚）を打ち合うこと」から出た言葉なので「相づちを打つ」と言う。
⑥「きら（綺羅）」は美しい衣装。「綺羅、星のごとく」で、「美しくきらびやかなさまは星のようだ」という意味。
⑦「津々」は「多くてあふれるようす」という意味。
⑧「二の舞いを演じる」は「前の人と同じ失敗を繰り返す」という意味。「二の足を踏む」は「不安になってためらうこと」。
⑨「付和雷同」は「むやみに他人の意見に同調すること」の意味。
⑩「我慢できないほど腹が立つ」という意味。「はらわた」は「腸」。

### 確認ワーク
▼問題P.15

**1**

①惜しんで　②快刀乱麻　③上を下への　④自画自賛　⑤散らす　⑥温故知新
⑦机上　⑧厚顔無恥　⑨発する　⑩危機一髪

**解説**

①「寸暇」はわずかな時間という意味なので、「寸暇（わずかの時間）を惜しんで」が正しい。
②「かいとう」は「よく切れる刀」のという意味なので、「快刀」と書く。
③「上のものを下へ、下のものを上へするように入り乱れる」ことからできた言葉で、「上を下へ」が正しい。
④「自分の絵（画）に自分で賛（ほめる言葉）を書く」ことから出た言葉なので、一般的に「自画自賛」と書く。「自画自讃」も許容とする場合もある。
⑤くもの子の入った袋を破くと、くもの子が四方八方に散ることからできた言葉なので「くもの子を散らす」が正しい。
⑥「故（ふる）きを温（たず）ねて新しきを知る」ことから出た言葉で、「温故知新」と書く。
⑦「机上の空論」は、「机の上で考えた理論」という意味。「砂上」は砂の上。「砂上の楼閣」（基礎がしっかりしていない、不安定な物事）などと使う。
⑧「厚かましくて恥を知らない様子」という意味の語。「厚顔無恥」と書く。
⑨「心から怒りがこみあげてくる」という意味で、「怒り」が「心から発している（始まっている）」ということから「怒り心頭に発する」が正しい。
⑩髪の毛一本ほどのところまで迫った危険の意味で「髪」が正しい。

**2**

①ついに私に白羽の矢が当たった。↓立った
②五里夢中の状態を手探りで進む。↓五里霧中
③その意見は的を得たものだった。↓射た
④彼の意味深重な笑いが気になる。↓意味深長
⑤竹を切ったような気性の人物。↓割ったような
⑥慌てて軽挙盲動をしてはならない。↓軽挙妄動
⑦木で鼻をつくような対応だった。↓くくるような
⑧前代未問の出来事というほかない。↓前代未聞
⑨気後れして二の足を置く。↓踏む
⑩結果の発表を首を高くして待つ。↓長く

**解説**

①「いけにえを求める神が希望する少女の家の屋根に白羽の矢を立てる」とい

うことからできた言葉なので、「白羽の矢を立てる」が正しい。
②「五里四方が霧に包まれているかのように先行きの見込みが立たず、どうしてよいかわからない」状態を表す言葉。よって、「五里霧中」と書く。
③「的」は「弓を射る」ときの目標であるので、「的を射た」が正しい。
④「意味が深く含みがある」という意味の語。「意味深長」と書く。
⑤竹は縦に切れ目を入れると一直線に割れるという特徴があることから、「竹を割ったよう」な気性で、さっぱりした気性を表す。
⑥「妄動」とは「よく考えずにむやみに動き回ること」の意。「盲動」は誤り。
⑦「不愉快な対応」という意味の語。木で鼻をくくる（元来は「木で鼻をこくる（＝こする）」）ことが気持ちがよいことではないことから。
⑧「前代未聞」は今まで聞いたこともないような珍しいことという意味。
⑨「二の足」は、二歩目に踏む足のこと。「二の足」を踏むのをためらうことから、実行するのをためらうという意味になった。
⑩実際には伸びることのない首が伸びるかのような様子からできた言葉。「首を長くする」が正しい。

## チャレンジテスト① 言葉と表記

▼問題P.16〜17

**問1** ①エ（二つずつ） ②エ（心づくし） ③イ（自ずから） ④ウ（裏づける）

**問2** ①勇ましい ②快い ③最寄り ④手伝う ⑤健やか ⑥柔らか／軟らか ⑦後ろ ⑧必ず ⑨用いる ⑩異なる

**問3** ①エ ②イ ③イ ④ウ ⑤エ ⑥イ ⑦ウ ⑧ア ⑨ウ ⑩イ

**問4** ①刺→差（射） ②勧→進 ③聞→効 ④取→撮 ⑤調→整 ⑥速→早

**問5** ①イ ②ア ③ア ④イ ⑤ア ⑥ア ⑦イ ⑧ア ⑨ア ⑩ア

**問6** ①八 ②十 ③口 ④一 ⑤腕 ⑥体 ⑦鼻 ⑧霧 ⑨機 ⑩朝

## レッスン2 整った文を書く(1) 係り受けを整える

▼問題P.18〜21

### 基本ワーク

▼問題P.18〜19

①休日は図書館に行ったりプールに行ったりして過ごす。
②A…今年の目標は、毎朝ジョギングを続けることだ。
B…毎朝ジョギングを続けることが今年の目標だ。
③決して秘密が外部に漏れないようにすると約束する。
④宿題やら書類やらを提出しなければならない。
⑤A…館内で会話をするのはお控えください。
B…館内での会話はお控えください。
⑥もし反対派の意見が大きくなったら計画変更もあり得る。
⑦A…この公園でボールを使用することは禁止されている。
B…この公園でのボールの使用は禁止されている。
⑧A…私の夢は、歌手になり、私の歌声でみんなを魅了することだ。
B…私は、歌手になり、私の歌声でみんなを魅了したい。
⑨A…彼女は几帳面な性格なので、部屋をよく整理している。
B…彼女は几帳面な性格なので、部屋がよく整理されている。
⑩これだけ勉強したのだから、必ず[絶対に]合格する自信がある。

**解説**

①④「〜たり、〜たり」「〜やら、〜やら」は後半が流れないように注意する。
②主語「今年の目標は」に対して述語「思う」が対応していない。述語を「続けることだ」にする（A）。語順を変え、「今年の目標だ」を述部にする（B）。
③⑩副詞「決して」「必ずしも」は「〜ない」に呼応する。
⑤「館内で」（連用修飾語）が「する」（用言）を修飾する文にする（A）。「館内での」（連体修飾語）で「会話」（体言）を修飾する（B）。
⑥「たとえ」は「〜しても」「〜でも」に呼応する副詞。「〜たら」を使った仮定は副詞「もし」に呼応する。

⑦「公園で」（連用修飾語）に修正する（A）。「公園での」（連体修飾語）で「使用」（体言）を修飾する文を作る（B）。
⑧主語「私の夢は」に対して述語「魅了したい」が対応していない。述語を「魅了することだ」に修正する（A）。「私は」を主語にする（B）。
⑨「整理する」は他動詞なので、格助詞「を」をつけて「部屋」という目的語を書く（A）。「部屋が」を主語にする場合は、述語は受身形にする（B）。

## 確認ワーク

▼問題P.20～21

**1**

①私は　②私たちは　③進むなら／進んだら／進むと
④出席しなかった　⑤読んだりして　⑥果物やら　⑦読むなり　⑧向けた
⑨喫煙することは／の喫煙は　⑩おいて　⑪集める　⑫入る（入れられる）

**解説**

①②述語に合わせて、主語を「誰は」に当たる言葉にする。
③「このまま環境破壊が進む」と仮定すると、「人類の生存が危うくなる」という文脈になるように、仮定条件を示す言葉でつなぐ。
④「まったく」は後に否定の言葉を伴って、「全然～ない」という意味になるので、文意が変わらないように否定語を使った述語に直す。
⑤⑥⑦列挙の表現が整うように改める。
⑧体言の「支援」を修飾するよう、「向けた」という連体修飾語に改める。
⑨「公共の場で」（連用修飾語）が「喫煙する」（用言）修飾する文にする。または、「公共の場での」（連体修飾語）にして「喫煙」を修飾する文にする。
⑩「異文化交流における」は連体修飾語なのに、用言の「必要だ」を修飾していることが不適切。「異文化交流において」という連用修飾語に改める。
⑪「力を」の後に自然に続くように、他動詞の「集める」に改める。
⑫「水が」という主語に対応するように、「入る」という自動詞、もしくは「入れ・られる」（他動詞＋助動詞）に改める。

**2**

①今後は計画の方針を大きく変える必要がある。
②クラス全員を納得させることは簡単ではなかった。／クラス全員の納得を得ることは簡単ではなかった。
③まるで雪が降り積もったように、一面真っ白だった。
④できるだけ食事をしたり散歩をしたりして、体を動かすのがよい。
⑤あれだけ練習をしたのだから、試合では必ず勝つはずだ。／あれだけ練習をしたのだから、試合では決して負けないはずだ。
⑥日本における伝統的な弓射文化を総称して「弓道」と呼ぶ。／日本における伝統的な弓射文化は総称して「弓道」と呼ばれる。
⑦頭の中だけで抽象的にボランティアについて考えても、現場の様子は実感できない。
⑧多くの人の考えを実効性のある一つの計画へとまとめるのは、有意義なことだ。
⑨喜んでいいのやら悲しんでいいのやら、自分でも判断がつかなかった。／喜んでいいのか悲しんでいいのか、自分でも判断がつかなかった。
⑩今後の課題は、子育て世代への支援を充実させることだ。／今後の課題は、子育て世代への支援の充実だ。
⑪情報に関する技術は、急速に、そしてドラマティックに進歩した。／情報に関する技術は、急速な、そしてドラマティックな進歩をした。
⑫私たちは、これ以上の被害の拡大はまさか起きないだろうと考えていた。／私たちは、これ以上の被害の拡大は起きにくいと考えていた。

**解説**

②「クラス全員の納得をさせること」は、修飾の関係が乱れている。
⑥「伝統的な弓射文化を」という部分に合わせて、述部を「呼ぶ」に改める。または「呼ばれる」に対応するように「伝統的な弓射文化は」とする。
⑦「頭の中だけの――考えても」は修飾の関係が整っていない。「頭の中だけで」にすると、「頭の中だけで――考えても」となり、修飾関係が成立する。

## レッスン2　整った文を書く(2)
# 文末表現の統一

▼問題P.22〜25

**基本ワーク** ▼問題P.22〜23

①常体…君は学生なのだから、アルバイトより学業を優先すべきである。
敬体…君は学生なのですから、アルバイトより学業を優先すべきです。
②常体…地球温暖化は深刻な状況だ。しかし、その対策は遅れている。
敬体…地球温暖化は深刻な状況です。しかし、その対策は遅れています。
③常体…週末に買い物に出かけたところ、先生にばったり出会った。
敬体…週末に買い物に出かけましたところ、先生にばったり出会いました。
④常体…体を動かすことは好きだが、水泳はあまり好まない。
敬体…体を動かすことは好きですが、水泳はあまり好みません。
⑤常体…夢を語るのはかまわないが、実現するための努力が必要だろう。
敬体…夢を語るのはかまいませんが、実現するための努力が必要でしょう。
⑥常体…その話は抽象的過ぎる。もっと具体的に説明してくれないか。
敬体…その話は抽象的過ぎます。もっと具体的に説明してくれませんか。
⑦常体…にわか雨が降ってきた。軒下で雨宿りをした。雨がやむと虹が出た。
敬体…にわか雨が降ってきました。軒下で雨宿りをしました。雨がやむと虹が出ました。
⑧常体…古い建物には風情があるが、問題もある。その一つが、冷暖房が備わっていないということだ。
敬体…古い建物には風情がありますが、問題もあります。その一つが、冷暖房が備わっていないということです。

**確認ワーク** ▼問題P.24〜25

**1** ①A　②B　③B　④A

**解説** 「常体」とは、「〜だ。」「〜である。」といった文末表現となる文体のことで、一般に簡潔で格調高い印象の表現となる。「敬体」とは、「〜です。」「〜ます。」といった文末表現となる文体のことで、一般に丁寧で親しみやすい印象の表現となる。

**2** ①A　②B　③B　④A　⑤A

**解説** 常体と敬体の判別が難しい場合は、教科書や1の解説を参照したい。

**3** ①必要だ／必要である　②いる　③進めよう　④はずだ／はずである
⑤避けられない

**解説** ③敬体の「〜ましょう。」は常体では「〜よう。」「〜う。」になる。

**4** ①します　②問題です　③進みました　④練りなおしましょう
⑤ありません

**解説** ⑤常体の「〜ない。」は敬体では「〜ません。」になる。

**5**
①雨はやみましたが、風はまだ強いということです。
②父は賛成してくれたが、母からは反対された。
③実験が終わったら、結果を報告する予定だ。
④準備は進んでいますが、まだ万全とは言えません。
⑤環境保護運動は盛んになりましたが、自然破壊を止めることは、まだできていません。
⑥高齢化が進んでいます。これは重大な問題です。
⑦石油などの地下資源には限りがある。そのため、新たなエネルギー源を探さなければならない。

**解説** ⑤「いない」の敬体は「いません」以外に「おりません」も可。

## レッスン3 相手に応じた言葉遣い(1)
# 和語・漢語・外来語
▼問題P.26〜29

**基本ワーク** ▼問題P.26〜27

〔夕めし・夕食・ディナー〕①ディナー ②夕食 ③夕めし
〔速さ・速度・スピード〕①スピード ②速度 ③速さ
〔替える・変更する・チェンジする〕①替える ②チェンジする ③変更する

**解説** 和語は、日本固有の言葉で、日常生活の中で使われる基本的な言葉が多く、漢字で書かれていても訓読みで読む言葉は和語。漢語は、漢字で書かれ音読みで読む言葉で、熟語が多く、改まった場面や文章などで用いられる。外来語は、欧米の言葉から取り入れられて日本語になった言葉で、普通は片仮名で表記する。

### ■和語から漢語へ

**基本ワーク** ▼問題P.27

①多数 ②大変、非常に ③少々 ④調査する ⑤使用する ⑥比較する ⑦謝罪する ⑧先日 ⑨増える→増加する、増大する／減る→減少する ⑩売る→販売する、売却する／買う→購入する、購買する ⑪よくなる→改善する、好転する／悪くなる→悪化する ⑫相違点

**解説** 漢語は音読みで読む言葉で熟語が多いので、漢字が使われている和語はその漢字を使った熟語を考えるとよい。

**確認ワーク** ▼問題P.28〜29

**1** ①A ②B ③C ④B ⑤A ⑥A ⑦B ⑧A ⑨B ⑩B

**解説** ⑤「友達」の漢語は「友人」。
⑩「ダイコン」は漢字で「大根」と書き、和製漢語。

**2** ①強制 ②願望 ③引率する ④売買する ⑤大変 ⑥安価な ⑦完全に ⑧多様な ⑨適切な ⑩広大な ⑪慣習（習慣）

**解説** 漢語は音読みで読む言葉で熟語が多いので、和語に漢字が使われている場合は、その漢字を使って熟語を考える。

**3** ①a辞めさせる b振り返る ②a終わる b集まる ③a進める b信じる ④a育つ b静かに聞く ⑤a次々と世に出す b外に出す

**解説** 漢語の意味をとらえ、漢語に使われている漢字の訓読みをヒントにして考える。

**4** ①aアクセス bつながり c接続 ②aまなびや bスクール c学校 ③a調査する b調べる cリサーチする

**解説** 言葉の種類は、場面や文脈の中で統一されて使われていることが多いので、それぞれの文に和語・漢語・外来語のどれが使われているかをヒントに判断する。

## レッスン3　相手に応じた言葉遣い(2)
# 話し言葉と書き言葉
▼問題P.30～33

**基本ワーク** ▼問題P.30～31

①そういうことになってしまったのだから、しかたがないよ。
②部活動で大変（とても）忙しいから、アルバイトをやめたい。
③怖い話はあまり好きではないけれど、肝試しはとても（大変）好きだ。
④優しいし、おもしろいし、あの人のようになりたい。
⑤なぜ（どうして）高齢化が進んでいるのかわからない。
⑥あのコンビニエンスストアの店員の態度が腹立たしい（不愉快だ）。
⑦私の母は口うるさいので、本当に（実に）わずらわしい。
⑧星があまりきれいではなかったので、落ち込んだ（失望した）。
⑨私も先日（この間）聞いたばかりなのですが、この話を知っていますか。
⑩この動画はとても（大変、非常に）おもしろい。だから、見ない人のこと（気持ち）が理解できない（わからない）。

**解説**

①「なっちゃった」「しょうがない」は、書き言葉では避けたい。
②「部活」「バイト」は略語。「部活動」「アルバイト」と正確に書く。「バイトやめたい」は、助詞の「を」が抜けている。「めっちゃ」はくだけた若者言葉なので、一般にも通じる「大変」「とても」などに直す。
③「あんまりだけど」は不明確な表現。「怖い話」がどうなのかを的確に書く。「すごい」は形容詞なので、この場合は副詞を使う。「すごく」でもよいが、「とても」「大変」などのほうが書き言葉として丁寧な印象がある。
④「みたく」は書き言葉としては不適切。「～のように」に直す。
⑤「進んでる」はい抜き言葉。「読んでる」「見てる」「入ってる」など、話し言葉では使われているが、書き言葉では避けたい。
⑥「コンビニ」は略語。「コンビニエンスストア」に直す。「態度が」の「が」が抜けている。「むかつく」は俗語なので、「腹立たしい／不愉快だ」などにする。
⑦「うちの母さん」は、「私の母」とする。「マジうざい」は俗な表現。
⑧「きれい」は形容動詞。「きれいくない」は活用として正しくない。「へこんだ」は俗語なので、「落ち込んだ」「失望した」などに改める。
⑨「こないだ」「ばっか」「～なんですけど」はくだけた表現なので改める。「この話」の後に助詞「を」を補う。「知ってますか」はい抜き言葉。
⑩「っていうか」は接続表現として不十分。「ヤツ」は粗野な印象を与えるので「人」に直す。「考えれない」はら抜き言葉。「見れる」「着れる」「食べれる」「寝れる」「来れる」など、話し言葉ではよく使われているが、正しい言い方ではないので避けたい。

**＊くだけた表現や略語、ら抜き言葉などは、日常生活では使われているが、作文や面接といった改まった場面では使わないように注意しよう。**

**確認ワーク** ▼問題P.32～33

**1**
①コンビニエンスストアでのアルバイト
②部活動の早朝練習
③ファミリーレストランのような
④あまり食べられない（食べることができない）
⑤春も夏も着られるとてもかわいい服
⑥なぜ（どうして）その曲を聞かせるのか
⑦少しも漫画を読ませてくれない
⑧言いたいことはしっかりと（きちんと）伝わっている

**解説**

⑥「なんで」はくだけた表現なので、「なぜ」や「どうして」に改める。「聞かさせる」は「さ入れ言葉」。
⑦「ちっとも」、「くんない」はくだけた表現なので、それぞれ「少しも」、「くれない」に改める。また、「読まさせる」は「さ入れ言葉」。

⑧「ちゃんと」は、くだけた表現なので、「しっかりと」あるいは「きちんと」に改める。「伝わってる」は「い抜き言葉」。

**2**

①宿題があと少しだけ残っている。
②見ているだけでは、わからない（理解できない）。
③水墨画のように、ぼんやりと見えていた。
④今日、私の家におばが来るようだ。
⑤私の父が問い合わせたが、返事が来なかったそうだ（来なかったということだ）。
⑥私の姉は、自動車で事故を起こしたが、相手にけがはなかったそうだ（ということだ）。
⑦私の祖父が、「明日は雨になりそうだ（なるようだ）。」と言っていた。
⑧あの人の自己中心的なところは、本当に不愉快だ（実に腹立たしい）。
⑨この問題を解決するのは、非常に（とても／大変）難しいのではないか。
⑩学園祭が終わってしまって、なんとなく暇で、退屈だ。
⑪その本には、一度壊されてしまった生態系は、二度と元には戻らないと書かれていた。
⑫この料理は失敗作だとおっしゃっていましたが、とてもおいしいではありませんか。

**解説**

①「残ってる」は「い抜き言葉」。
②「～じゃ」、「わかんない」はくだけた表現。
③「ぼやっと」はくだけた表現。「見えてた」は「い抜き言葉」。
④「うち」を改まって言うと「私の家」などとなる。また、改まった場では自分の身内に敬称は用いないため、「おばさん」を「おば」に改める。
⑤「うちのお父さん」は、「私の父」とする。「～けど」「～たって」は、くだけた表現なので、適切な表現に改める。
⑥改まった場では一人称に「俺」「僕」などは用いない。
⑦改まった場では一人称に「あたし」を用いない。「なるっぽい」は、「なりそうだ／なるようだ」とする。「言ってた」は「い抜き言葉」。
⑧「あいつ」を改まった表現にすると「あの人」になる。「彼／彼女」としてもよい。「自己中な」「とこ」は略語。「マジ」「むかつく」は俗語なので、「本当に／実に」「不愉快だ／腹立たしい」などに改める。
⑨話し言葉では「を」などの助詞が省かれる場合があるが、書き言葉では省かない。「解決すんのは」は、「解決するのは」に改める。「すっごい（すごい）」は文脈によって「非常に／とても／大変」などに改める。
⑩「終わっちゃって」の「～（し）ちゃう」は、「～（して）しまう」のくだけた言い方。「なにげに」、「つまんない」もくだけた表現なので改める。
⑪「戻んない」は「戻らない」に改める。引用や伝聞の後を「～って」とするのは話し言葉で見られるが、書き言葉では「～と」とする。
⑫「料理」の後に助詞「は」を補う。「おっしゃってました」は「い抜き言葉」。「全然」は、今日では通常、後に否定語を伴う。「ないっすか」は「ありませんか」に改める。

## レッスン3　相手に応じた言葉遣い(3)
# 敬語を使い分ける

▼問題P.34~37

**基本ワーク** ▼問題P.34~35

①資料を拝受されましたら、ご連絡ください。↓お受け取りになりましたら／受け取られましたら

②ご不明な点がございましたら、受付で伺ってください。↓お聞きになって／お聞き／お尋ねになって／お尋ね

③明日までに召し上がられてください。↓召し上がって

④（駅のアナウンスで）間もなく発車です。ご乗車してお待ちください。↓ご乗車になって

⑤A先生はいつこちらに参りますか。↓いらっしゃいますか

⑥（先生に）これは母が私にくださったものです。↓くれた

⑦先生にどうしてもおっしゃりたいことがあります。↓申し上げたい／申したい

⑧先生は私の作文を拝読されて、たいへん評価してくださった。↓お読みになって／お読みくださって／ご覧になって

⑨粗品ですがどうぞいただいてください。↓お受け取り／お納め

⑩お帰りになられる際は、こちらからどうぞ。↓お帰りになる／お帰りの

**解説**

①「拝受」は謙譲語。後半が尊敬表現なので、尊敬語「お受け取りになる」などに修正する。

②「伺う」は謙譲語。お客など高めるべき相手に言う場合は、尊敬語「お聞きになる」などを使う。

③「召し上がられる」は二重敬語。「召し上がる」が尊敬語なので、尊敬の助動詞「られる」は不要。

④「ご乗車する」は謙譲語。お客に言う場合は、尊敬語「ご乗車になる」を使う。

⑤「参る」は謙譲語。尊敬語の「いらっしゃる」を使う。

⑥「くださる」は尊敬語。身内（家族・同僚など）のことについてほかの人に言うときには尊敬語を使わない。

⑦「おっしゃる」は尊敬語。自分の動作を言う場合は「申す」「申し上げる」を使う。「申し上げる」の方が相手への敬意が高い。

⑧「拝読」は謙譲語。先生の動作について言う場合は尊敬表現「お読みになる」「お読みくださる」を使う。「見る」の尊敬語「ご覧になる」を使ってもよい。

⑨「いただく」は謙譲語。相手の動作については使わない。

⑩「お帰りになられる」は二重敬語。

**確認ワーク** ▼問題P.36~37

**1** ①キ　②オ　③カ　④ク　⑤ウ　⑥ア　⑦イ　⑧エ

**2** ①ア　②イ　③ウ　④ウ　⑤イ　⑥ア

**解説**

①「お（ご）～なる」は尊敬語、②「お（ご）～する」は謙譲語なので、混同しない。

⑤「拙著」は、自分の著作をいう謙譲語。

⑥「貴校」は、相手の学校をいう尊敬語。

**3** ①佐藤さん　②先生　③川口さん

**解説**

①「いらっしゃる」は尊敬語。尊敬語は、動作主（その動作をする人）に対する敬意を表す。この文では「いらっしゃる」の動作主は「佐藤さん」である。

②「差し上げる」は謙譲語。謙譲語は、動作の対象に対する敬意を表す。この文では、「差し上げる」という動作の対象は「先生」である。

③「伺う」は謙譲語。この文では、「伺う」という動作の対象は「川口さん」である。

**4**

①心配いたして　②おっしゃる／お話しになる　③なさいましたか

④お話しになった／おっしゃった／話された

⑤お聞きになってください／お聞きください／お尋ねになってください／お尋ねください

⑥（ご）登録なさってください／ご登録ください

⑦確認していただいたら／確認していただけたら／ご確認いただいたら

⑧お書きになった／書かれた　⑨おっしゃっていた

**解説**

①社外の人に対応する場合は、社内の立場が上の人物でも身内とみなし、謙譲語を用いる場合がある。よって、尊敬語「心配なさって」を謙譲語に改める。

②「申される」は、謙譲語「申す」に尊敬の助動詞「れる」が付いた形だが、一般には避けたい。発言者は先生なので、「申される」を尊敬語に改める。

③「お客様」に対しては尊敬語を用いる。謙譲語「いたす」を尊敬語に改める。

④動作主は「先生」なので、謙譲語の「お話しした」を尊敬語に改める。

⑤「伺って」は謙譲語なので、尊敬語に改める。

⑥「ご（お）～する」は謙譲語。この場合は尊敬語を用いる。

⑦「部長」に対する敬意を表すため、謙譲語を用いる。

⑧「お書きになられる」は、尊敬語の「お書きになる」に尊敬の助動詞の「れる」が付いた二重敬語なので、改める。

⑨「おっしゃられる」は、尊敬語の「おっしゃる」に尊敬の助動詞「れる」が付いた二重敬語であるため、改める。

**5**

①お話しになった→お話しした／申し上げた　②訪問いたしました→訪問なさった

③ご在宅→在宅　④差し上げた→くださった　⑤お会いになった→お会いした

⑥いらっしゃれる→いらっしゃる／おいでになる

**解説**

③「ご在宅する」は「ご～する」という謙譲語の形に見えるが、「ご在宅」が尊敬語なので不適切。また、「母」など身内の動作には尊敬語は使わない。

④「先生」が動作主なので謙譲語「差し上げた」を尊敬語に改める。

⑤「先生」が動作の受け手なので、謙譲語を用いる。

⑥「いらっしゃれる」は尊敬語の形として不適切。

## チャレンジテスト② 整った文を書く／相手に応じた言葉遣い

▼問題P.38～39

**問1**　①合格することです　②見えたとしても　③間違いなのやら　④判断してはならない／判断してはいけない　⑤立ち入り　⑥考えさせられた

**問2**　①教えてくれました　②新製品だ／新製品である　③ありません

**問3**　①B　②C　③A　④B　⑤A　⑥A

**問4**　①改善された／向上した　②相違／差異　③停滞している　④確認する

**問5**　①考えられない　②失敗したというだけで　③使わせて

**問6**　①○　②叔父　③○　④いたします

**問7**　①ご来場ください／お越しください／おいでください　②いらっしゃった　③召し上がっていただく／お召し上がりいただく

## レッスン４　わかりやすい文を書く(1)

# 長すぎる文を短文に

▼問題P.40〜41

### 基本ワーク　▼問題P.40

①（例）吹奏楽部の大会が近付いてきたので、早朝練習をすることになったが、〔なった。ところが、〕初日から寝坊してしまい、急いで練習に向かったものの、到着したときにはすでに練習がはじまっていて、〔はじまっていた。そこで、〕こっそり参加しようと思ったが、ある部員が私に気付いて「おはよう！」と声を掛けてきたので、〔きた。そのため、〕私が遅刻したことが皆に知られてしまった。**（一四四字を四文に）**

②（例）図書委員会の活動の一環として、図書室の利用状況についてのアンケートを実施しますが、〔実施します。〕集計結果は今後の図書室運営に生かし、「図書だより」で皆さんにもお知らせしたいと思いますので、〔思います。そこで、〕お忙しい中とは思いますが、どうかご協力のほどよろしくお願いいたします。**（一二二字を三文に）**

**解説**　「が、」「て、」「ので、」などでつながっているところに句点を打ち、文脈に合う接続表現を入れた。接続表現は、順接（そして、そこで、だから）にするか、逆接（しかし、ところが、だが、けれども）にするかを文脈で判断し、必要に応じて入れるとよい。

### 確認ワーク　▼問題P.41

**1**

①友人は人生の財産だと聞いたことがあるが、〔ある。だが、〕私は長い間、その言葉を実感できずにいた。**（四〇字の一文を二文に）**

②新聞やテレビには、情報が一方通行でしか流れないという欠点があるが、〔ある。しかし、〕インターネットの情報よりも信頼できる、という長所もある。**（六一字の一文を二文に）**

**2**

今日こそは部屋の掃除をしようと思っていましたが、〔いました。それなのに、〕つい、だらだらとテレビを見てしまい、午後四時になってから、掃除を始めましたが、〔ました。けれども、〕棚の中を整頓しようと本を出したところで、母に用事を頼まれ、〔頼まれました。〕それが終わると、もう、掃除を続けるのが嫌になってしまい、〔しまいました。だから、〕来週こそ朝から掃除を始めようと思いました。**（一四一字の一文を五文に）**

**解説**　**2**　だらだらと続く長い文なので、「が、」でつながっているところと、動作や場面が変わるところで句点を打ち、文脈に合う接続表現でつなげる。

## レッスン4　わかりやすい文を書く(2)
# 読点を効果的に使う
▼問題P.42〜43

**基本ワーク** ▼問題P.42

①昨日の夕飯には、祖母から教えてもらったカレーを作りました。にんじん、たまねぎ、じゃがいもなどの野菜をたっぷり入れて、隠し味にチョコレートも入れます。さらに、ゆで卵も添えたところ、彩りがよく栄養バランスも取れたカレーができました。(六か所)

②江戸時代に松尾芭蕉によって書かれた「おくのほそ道」は、元禄二(一六八九)年三月に江戸を出発し、関東、東北、北陸を経て、同年九月に大垣に至るまでの約二四〇〇キロメートル、約五か月にわたる旅日記である。紀行文と発句から成るこの作品は、現代の私たちの心にも響くものがある。そこで、ここでは「おくのほそ道」の魅力について解説したい(八か所)。

**解説**

「読点を打つ目安」を参考に考えたい。

**確認ワーク** ▼問題P.43

①私は予想外の結果にがっかりして、とぼとぼと駅へと向かった。(1)

②この方法には、効果が期待できる上に、手軽だという利点がある。(2)

③以前から存在していた新聞、テレビ、ラジオなどのメディアは、インターネットの普及によって大きな影響を受けている。(3)

④実験の手順にミスはなかった。しかし、思っていたような結果が出なかったということは、仮説が間違っていたということだ。(2)

⑤人間は太古の昔から社会を作って暮らし、自分たちの社会の発展を目指してきた。したがって、人間は社会的な動物だといえる。(2)

**解説**

①「読点を打つ目安」の1。②目安の1。③目安の2と4。
④目安の3と4。⑤目安の1と3。

## レッスン4　わかりやすい文を書く(3)
# あいまいな文を避ける
▼問題P.44〜45

**基本ワーク** ▼問題P.44

①A(泣いているのは「母親」)
- 母親は泣きながら、走る息子を見つめていた。
- 母親は走る息子を泣きながら見つめていた。

B(泣いているのは「息子」)
- 母親は、泣きながら走る息子を見つめていた。
- 泣きながら走る息子を母親は見つめていた。

②A(彼の車を運転する)
- 彼は兄に「ぼくの車を運転してほしい」と言った。

B(兄の車を運転する)
- 彼は兄に「兄さんの車を運転してほしい」と言った。

③A(妹も姉もうまく歌えない)
- 妹は姉と同じように、うまく歌うことができなかった。
- 妹は姉と同じでうまく歌うことができなかった。

B(妹は姉と違ってうまく歌えない)
- 妹は、姉と同じようにうまく歌うことができなかった。
- 妹は姉ほどうまく歌うことができなかった。

**解説**

あいまいではない文にするためには、適切なところに読点を打つ、語順を入れ換える、表現を変えるなどの方法がある。①は、読点を打ったり語順を入れ換えたりした。②は、「　」をつけて会話文にし、言葉を変えた。③は、読点を打って意図が正しく伝わるようにした。また、意味が正しく伝わるように言い換えた。

## 確認ワーク
▼問題P.44～45

1

私は ふるえながら 雨の中でうずくまる犬を見ていた。

ふるえているのが「私」なのか「犬」なのかがあいまい。

2

①A…彼は絵を眺めている友人にほほえみながら語りかけた。

B…ほほえみながら絵を眺めている友人に彼は語りかけた。

②A…父は友人に「私の時計を持っていったほうがよい」と言った。

B…父は友人に「君の時計を持っていったほうがよい」と言った。

③A…今回の作品は、前作同様早くできない。

B…今回の作品は、前作ほど早くできない。

解説

①～③のいずれについても、ABのどちらも正解だが、できれば両方答えられ、その違いが説明できるとよい。

①Aは、ほほえんでいるのは「彼」。Bは、ほほえんでいるのは「友人」。

②Aは、時計は「父」のもの。Bは、時計は「友人」のもの。

③Aは、前作も今回も早くできない。Bは、前作は早かったが今回は早くできない。

---

チャレンジテスト③

## わかりやすい文を書く
▼問題P.46～47

問1 イ

問2 失敗することは必ずしも悪いことだとは言えない。なぜなら（というのは）、失敗が教訓となり、その教訓に学ぶことで次は成功するということがあるからである。

問3 ①イ・エ ②ア・イ・エ

問4 ①ア ②ウ

問5 ①イ ②ア

問6 ①A…商店街を通りすぎる行列を静かに

B…商店街を静かに通りすぎる行列を

②A…その文書を見せるよう市長に

B…その文書を市長に見せるよう

レッスン5　文のつなぎ方(1)

# 接続表現でつなぐ

▼問題P.48〜49

## 基本ワーク

▼問題P.48〜49上段

**1** (例)

①例えば／例を挙げると
②なぜなら
③では／さて
④しかも／そのうえ
⑤または／もしくは／あるいは
⑥だから／すると
⑦つまり／すなわち
⑧しかし／だが／けれども

**2** (例)

①だから、帰宅してお昼ごはんを食べた。
しかし、友だちとの約束の時間が迫っているので食べる間もなく出かけた。
しかも、暑くてのどもからからだった。

②例えば、「メディア」「概念」などの言葉だ。
なぜなら、語句の意味を調べる宿題が出ていたからだ。
すると、どの言葉も興味深い意味があることがわかった。
けれども、いろいろな意味が書いてあって、どの意味なのかわからなかった。

## 解説

**1** 入る接続表現によって文脈が変わる可能性もあり、正解が一つとは限らない。解答例は一例。むしろ、ある接続表現を入れることによってどのような文脈が生じるか、あるいは、とらえる文脈によって入る接続表現がどう変わるかを考えるのもよいだろう。

①「行ってみたい国」の具体例を後文で列挙しているととらえると、「例えば」などが入る。

②のどが渇いた理由が「暑い中坂道を駆け上がった」ことだととらえると、「なぜなら」などが入る。

③話題が変わる場面ととらえると、「では」「さて」などが入る。また、「私の話」が終わったということが、「質疑応答に移る」理由だと考えると、「だから」なども入り得る。

④「安い」ことを肯定的にとらえ、その要素に肯定的な「おいしい」という要素を追加するととらえれば、「しかも」「そのうえ」が入る。「安い」を否定的にとらえ、安ければ味は保証できないという意味合いがある文脈だととらえれば、「しかし」「だが」なども入り得る。

⑤電話かメールのいずれかで連絡するという文脈だととらえると、「または」「もしくは」などが入る。電話だけでなくメールでも連絡するという文脈にとらえれば、「さらに」なども入り得る。

⑥「がんばって勉強した」結果が「クラスで一位」だととらえると、「だから」「すると」などが入る。

⑦前文で述べたことを「不言実行」と言い換え、まとめているのだととらえれば、「つまり」「すなわち」が入る。前文を「不言実行」の理由ととらえると、「だから」なども入り得る。

⑧話題の映画だということで期待が大きかったのに残念だという文脈だととらえると、「しかし」「だが」が入る。

## 確認ワーク

▼問題P.49下段

①ア　②ウ　③エ　④キ　⑤ク　⑥イ　⑦カ　⑧オ

## レッスン5　文のつなぎ方(2)
# 文脈でつなぐ

▼問題P.50〜51

**基本ワーク** ▼問題P.50

オ→イ→ア→エ→ウ

**〈並べ換えた理由〉(例)**

ウの「これ」が指示する内容は、エの「楽しくなってきた」だと考えられるので、エ→ウが成立。イには「風も」という助詞「〜も」を含む文節があり、「風も強い」と同類なのはオの「まだ眠い」なのでオ→イが成立する。アの「それら」が指示するものはイ「風も強い」とオ「まだ眠い」だと考えられるので、オ→イ→アが成立。アの次にエをもってくると文意が通じるので、右のように並べ換えた。

**解説**

文の並べ換えの問題を解くときは、まず、どのような内容が書かれているかを大きくつかみ、次に接続表現や指示する語句、「〜も」などの助詞をヒントに文をつないでいく。この文章は「走ることの楽しみ」について述べている。この問題を通して、基本的なポイントをつかみ、次の「確認ワーク」に進むとよい。

**確認ワーク** ▼問題P.51

①エ→イ→ウ→ア→オ
②イ→オ→ア→ウ→カ→エ
③イ→エ→オ→ア→ウ

**解説**

①「読書の意味」について述べた文章。アの「それら」、オの「それ」が何をさしているかを考える。イの「例えば」は、何の例示として述べているか、ウの「また」は、どの文と並列しているかを考える。

②「太郎のお気に入りの遊び」について述べた文章。アの「もう一つ」、オの「一つ」、ウの「いずれにしても」がヒントになる。

③「平安時代の物語」について述べた文章。アの「その二つの流れ」、ウの「それ以降」が何をさしているかを考える。エの「例えば」は何の例示か、オの「一方」で示されるものは何と対比されているかを考える。

## チャレンジテスト④
# 文のつなぎ方

▼問題P.52〜53

**問1**　①ウ　②ア　③イ　④イ　⑤ア　⑥ウ　⑦エ　⑧イ
**問2**　①エ　②オ　③カ　④ア　⑤イ　⑥ウ　⑦ウ　⑧イ　⑨ア　⑩エ
**問3**　①エ　②カ　③ウ　④オ　⑤イ　⑥エ　⑦ア
**問4**　ア→エ→イ→カ→オ→ウ→キ

# 実践トレーニング①　「1 言葉と出会う」のまとめ

▼問題P.54～61

## 1 基本ワーク

▼問題P.54～57

　地球温暖化や大気汚染などの、地球規模で
取り組むべき環境問題が深刻化している。「
かけがえのない地球」を次世代に引き継ぐた
めに、国際会議やNGO（非政府組織）の活
動などによって、環境問題の悪化を防止する
取り組みが行われている。しかし、最も大切
なのは、私たち一人一人が自分自身の生活を
見直すべきだ。
以前、社会科見学でごみ処理センターを訪れ
たことがある。センターの人にお聞きになっ
たお話しによると、燃えるごみの中に、空き
缶ペットボトル金属部品などが混じっている
ことがあり、それを分別し直すために、膨大
な時間と労力が割かれているそうです。燃や
せば温暖化の原因となる二酸化炭素や有害な
科学物質が発生するプラスチックであっても
、今日の技術では大半がリサイクルできる。
私たちが少し意識を変えれば、ごみ処理セン
ターで働らく人々の負担を減らし、地球の負
担も減らすことができるのだと実感した。

(1)次の行の冒頭に移す

(1)段落の最初は1字空ける

(1)前行の最後のマスに文字と一緒に書く

(6)読点を打つ

(1)図参照
(2)（6行）…大切なのは～見直すべきだ。→…大切なのは～見直すことだ。
(3)組職→組織（4行16字）　お話し→お話（11行2字）
科学→化学（16行1字）　働らく→働く（19行4字）
(4)（14行）そうです。→そうだ。
(5)（10行）お聞きになった→お聞きした／伺った
(6)図参照

**解説**

(1)記号や句読点は一番上のマスに記入しない。前の行の最後のマスに文字と一緒に記入するか、欄外に書く。また、段落を改める際には、一マス下げて書き出す。
(4)文章を書くときには、原則として全体を常体か敬体に統一する。この文章では全体に「だ」「である」など常体が用いられているが、ここだけ「です」と敬体になっている。
(5)「お聞きになる」など、「お～になる」は尊敬語。ここでは、「聞く」のは自分なので謙譲語を使う。「お聞きした」「伺った」が正解。
(6)読点は意味の切れ目などを示し、文を読みやすくする役割がある。打つ位置に明確な決まりはないが、語句を並列で並べるときに打つと、語句の切れ目がわかりやすくなる。

**2**

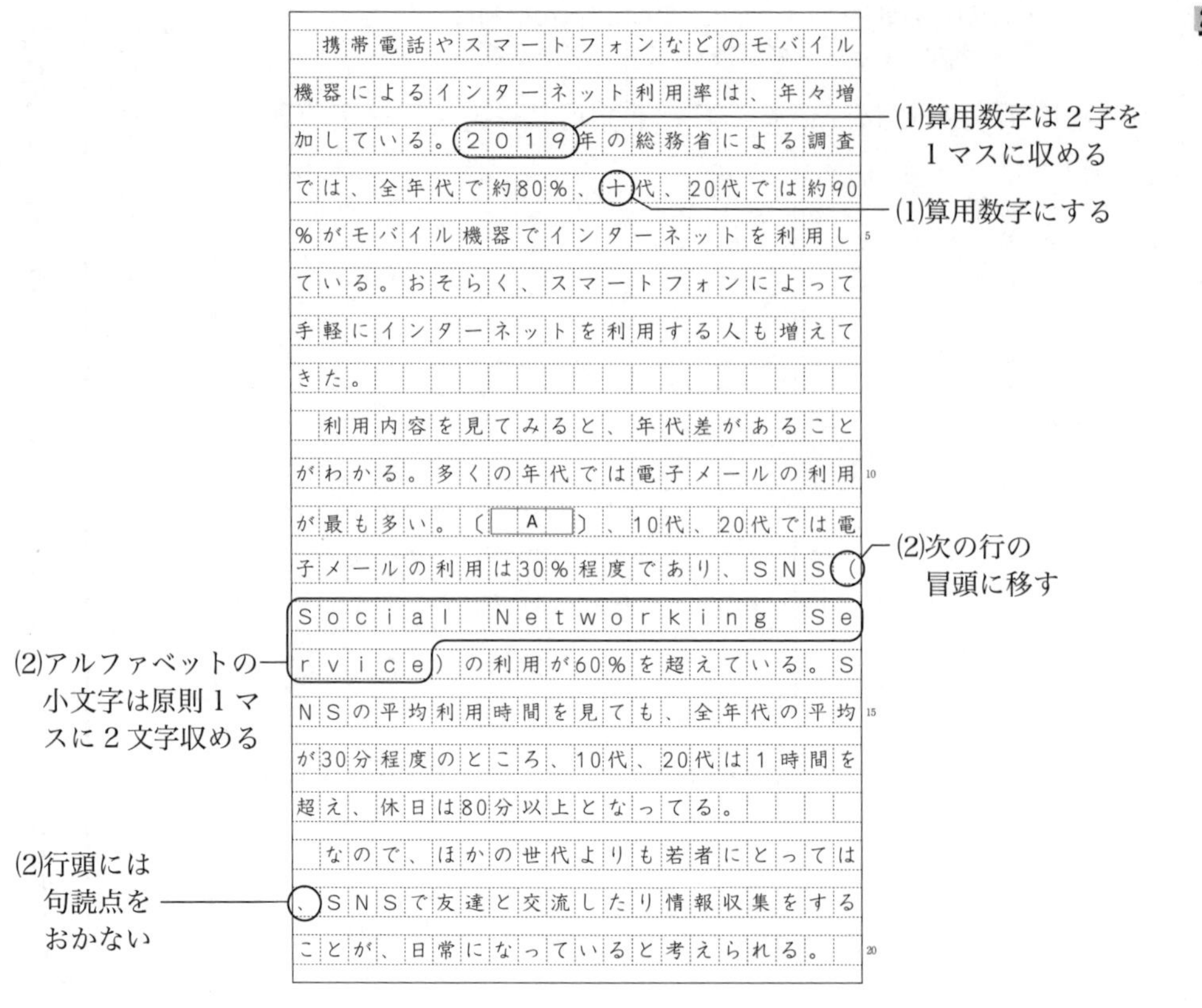

携帯電話やスマートフォンなどのモバイル機器によるインターネット利用率は、年々増加している。2019年の総務省による調査では、全年代で約80%、十代、20代では約90%がモバイル機器でインターネットを利用している。おそらく、スマートフォンによって手軽にインターネットを利用する人も増えてきた。

利用内容を見てみると、年代差があることがわかる。多くの年代では電子メールの利用が最も多い。（ A ）、10代、20代では電子メールの利用は30%程度であり、SNS（Social Networking Service）の利用が60%を超えている。SNSの平均利用時間を見ても、全年代の平均が30分程度のところ、10代、20代は1時間を超え、休日は80分以上となってる。

なので、ほかの世代よりも若者にとっては、SNSで友達と交流したり情報収集をすることが、日常になっていると考えられる。



(1) 図参照
(2) 図参照
(3) 図参照

(3) （6行）おそらく…増えてきた。→おそらく…増えてきたのだろう。
（19行）友達と交流したり情報収集をすることが→友達と交流したり情報収集をしたりすることが

(4) （17行12字）なってる→なっている　（18行2字）なので→したがって

(6) しかし／だが

**解説**

(1) 横書きの原稿用紙では、原則として算用数字を一マスに二文字書く。

(2) 行頭・行末の記号や句読点の扱いは、縦書きの原稿用紙の場合と同様、行頭に句読点が来る場合は、前行の最後のマスに文字と一緒に書く。かっこの頭が行末に来る場合は、そこを空けて、次の行頭に書く。

(3) 副詞の呼応の乱れ（「おそらく」は「〜だろう」に呼応する）に注意する。「〜たり、〜たり」の後半が流れないようにする。

(4) い抜き言葉やくだけた表現は避ける。

(5) [A]の前では、多くの年代で電子メールの利用が一番多いことを説明している。一方、[A]の後では若者ではSNSの利用のほうが多いことを示している。したがって、[A]には逆接の接続詞が入ると考えられる。

## 確認ワーク

**1**

▼問題P.58～61

⑥前行の最後のマスに文字と一緒に収める

⑥段落の冒頭は1字空ける

　ボランティアは楽しい。そして、楽しいことばかりではない。そのことを知っておかないと、せっかくボランティアに参加しても、「思っていたとうりではなかった。」と後悔する人が出てくるかもしれない。

私は、姉と一緒に、高齢者の方と話し相手をするボランティアに参加している。そこでも、すべての高齢者の方が、私たちを初めから歓迎してくれるわけではない。冷たい態度をとったり、ささいなことで機嫌を損ねる方もいる。そんなときには、こちらもつい不愉快な気分になってしまう。しかし、それを乗り越え、高齢者の方と心が通じ合ったときは、すごい楽しいと感じる。ボランティアの楽しさとは、苦労を乗り越えて得られる楽しさなのだ。

① （1行）そして→ウ

② **（例）** 高齢者の方の話し相手をする／高齢者の方と話をする

③ （4行）とうり→とおり

④ （14行）すごい楽しいと感じる→ **（例）** とても（非常に／大変）楽しいと感じる

⑤ （10行）損ねる→損ねたりする

⑥ 図参照

**解説**

①冒頭の「ボランティアは楽しい。」と次の「楽しいことばかりではない。」は内容が対比的なので、逆接の接続語でつなぐのが望ましい。

②「高齢者の方と――話し相手をする」は、適切に対応していない。

③「思っていたとうりではなかった」の「とうり」の仮名遣いが誤っている。オ列の長音「トー」は「とう」と書くのが原則だが、「通り」は歴史的仮名遣いでは「とほり」と書くので、例外的に「とおり」と表記する。

④「すごい楽しいと感じる」の「すごい」は連体形。「すごく」とすれば文法上は問題ないが、改まった書き言葉としては適切ではないため、適切な表現に改める。

⑤「～たり、～たり」は列挙の表現の定型。

⑥記号や句読点は一番上のマスに記入しない。

**2**

私は、環境問題を解決するためには、「一人一人が取り組む個人的アプローチ」に加えて、「社会全体で取り組む社会的アプローチ」が必要だと①考えられます。

個人的アプローチとは、私たち一人一人がエコバッグの使用や節電など、環境に②気をつけた行動をするということです。これらは単独ですぐに著じるしい効果を生むことはないだろう。しかし、例えば一〇万人一〇〇万人一〇〇〇万人と、多くの人が参加していけば、長期的には大きな効果が期待できます。

同時に、社会的アプローチも大切で、例えば、森林の伐採を規制する法律を作ったり、政府が環境保護団体を経済的に支援したりするという立法や行政からのアプローチも、積極的に行っていくべきです。

⑥前行の最後のマスに文字と一緒に収める

⑥算用数字にする

⑤「例えば」の後、「一〇万人」の後、「一〇〇万人」の後に読点を入れる

---

①考えます（考えています）
②配慮した
③（8行）著じるしい→著しい
④（8行）ないだろう→ないでしょう
⑤図参照
⑥図参照
⑦**（例1）** 同時に、社会的アプローチも大切です。例えば、森林の伐採を規制する法律を作ったり、政府が環境保護団体を経済的に支援したりするといったことです。こうした立法や行政からのアプローチも、積極的に行っていくべきです。

**（例2）** 同時に、社会的アプローチも大切で、例えば、森林の伐採を規制する法律を作るといったことが求められます。また、政府が環境保護団体を支援することも必要でしょう。こうした立法や行政からのアプローチも、積極的に行っていくべきです。

**解説**

②この文章中の「気をつけた」を漢語で表現すると「配慮した」などとなる。
③「著じるしい」は、送り仮名が誤り。「～しい」の形の形容詞は、「しい」と送るのが原則。
④この文章は「敬体」で書かれている。その中で、「これらは単独で……生むことはないだろう。」という文だけが常体であるため、敬体に統一する。
⑤事物を並記する場合は、読点で区切ると読みやすくなる。
⑥閉じる括弧は行の冒頭のマスには記入しない。前行の最後のマスに文字と一緒に記入するか、欄外に書く。また、横書きの原稿用紙では、数字は漢数字ではなく算用数字を使うのが原則で、その場合、一マスに二文字書き入れる。
⑦一文をあまり長くすると、内容が読者に伝わりにくくなる。問題の条件に従い、解答例で示したように全体の内容を三つの文に分けて記述する。複数の分け方があり得る。

## 2 伝える、伝え合う

### レッスン1 絵や写真を見て書く(1)
### 配置を説明する

▼問題P.62～63

**基本ワーク** ▼問題P.62～63上段

**1** (例)

①トランプの枚数…四枚。

②トランプの種類…ダイヤのA、スペードのA、ハートの5、クラブの10。

③机の上での位置…机の奥に、右から、ダイヤのA、スペードのA、ハートの5。手前の右にクラブの10がある。

④ほかのカードとの位置関係…クラブの10は、ダイヤのAが半分隠れるくらい縦に重なっている。そのほかの三枚は、同じくらいの間隔で離れて並んでいる。

⑤トランプの向き…四枚とも縦で、すべて平行に並んでいる。

**2** (例)

机の上に、四枚のトランプが並んでいる。種類はダイヤのA、スペードのA、ハートの5、クラブの10である。机の奥に、右から、ダイヤのA、スペードのA、ハートの5があり、手前の右にクラブの10がある。クラブの10は、ダイヤのAが半分隠れるくらい縦に重なっている。そのほかの三枚は、同じくらいの間隔で離れて並んでいる。トランプの向きは、四枚とも縦で、すべて平行である。

**解説**

**1** ものごとを説明するときには、まず、全体→部分の原則を意識しよう。「全体」に当たるのが、ここではトランプの枚数や種類、「部分」に当たるのが、トランプの位置関係や向きである。

**2** 説明するときは、右→左(または左→右)、奥→手前(または手前→奥)というように、説明の順序に統一感をもたせるとわかりやすくなる。

**確認ワーク** ▼問題P.63下段

(解答例)

机の上にトランプが四枚ある。クラブの8、スペードの9、ハートの3、ダイヤの5である。8、9、3は横向きに置いてあり、右奥に8、それにぴったりくっついて右手前に9、それにぴったりくっついて左手前に3がある。5は縦向きのままで左奥にあり、下側の短辺がぴったり3につき、左側の長辺が3の左側の短辺と直線になるように置かれている。

**解説**

解答例は、まず机の上にあるカードの枚数、種類を述べ、次に、カードの向きと配置、それぞれの位置関係へと細かな説明に進めていく書き方になっている。全体→部分(細部)、抽象→具体の順に説明するとわかりやすい。

## レッスン1　絵や写真を見て書く(2)
# 形を説明する

▼問題P.64～65

### 基本ワーク

▼問題P.64～65

**1** (例)

①全体の印象を比喩で表現する…こけしのような形。

②各部分の形を円、正三角形などの図形の名称を用いて説明する…頭部は円で、首の部分は正三角形、胴体は長方形。円の直径と正三角形、長方形の短辺の長さは同じで、長辺は短辺の約二倍である。

③各部分の位置関係、接し方を説明する…頭部と首は正三角形の頂点でつながっている。首と胴体は、正三角形に長方形の短辺が接している。

**2** (例)

全体として、こけしのようにも見える形である。頭部は円で、首の部分が正三角形、胴体は長方形だ。頭部と首は正三角形の頂点でつながり、正三角形の底辺と長方形の短辺が接している。円の直径と正三角形の一辺、長方形の短辺の長さは同じで、長辺はその二倍くらいである。

**解説**

比喩を使った説明は、正確さには欠けるが、全体の印象を端的に表現するのに向いている。この場合も、まず、比喩で全体の印象を表現し、その後、各部分の形や位置関係を説明している。

### 確認ワーク

▼問題P.65

(例)

全体としてワイングラスのようにも見える形である。上部は上向きのおわんのような形で、中央の部分は縦に長い長方形、下部はプリンのような形、つまり、下の辺よりも上の辺のほうが短い台形だ。長方形の上部はおわんの底部と接し、下部は台形の上部と接している。

## レッスン1　絵や写真を見て書く(3)
# 写真を見て文章を書く

▼問題P.66～67

### 基本ワーク

**1** (例)

①季節・時間はいつだろうか。
→・雪が積もっているので真冬か。
・朝の登校時間で、時間は七～八時頃だと考えられる。

②場所はどこだろうか。
→・雪が積もった通学路。

③誰（何）が写っているか。
→・中学生くらいの男子
・小学四年生くらいの男子
・雪だるま
・積もった雪
・雪道
・家屋

④人物は何をしているか。
→・中学生くらいの男子と小学四年生くらいの男子が、談笑しながら一緒に雪道を歩いている。
・中学生は学生服の上にダウンジャケットを着て手袋をして、通学用リュックを背負っている。
・小学生はジャケット、ニット帽、手袋という姿で、ランドセルを背負っている。

⑤どのような場面だろうか。
→・雪が積もった道を、二人の男子が談笑しながら登校しているところ。

⑥どう思ったか、どう感じたか。
→・雪の日の朝は寒そうだ。

・二人は仲が良さそうで、見ていて心が温まる。

**2** (例)

中学生くらいの男子と小学四年生くらいの男子の二人が、楽しそうにおしゃべりしながら雪道を登校している。二人ともダウンジャケットや手袋で防寒しており、小学生はニット帽もかぶっている。中学生は通学用リュックを、小学生はランドセルを背負っている。二人の後方に見える家の脇には、マフラーや帽子を着けた雪だるまがある。

雪の日の朝はとても寒そうだ。しかし、仲の良さそうな二人の笑顔に心温まる写真である。(一九六字)

**解説**

**2** 写真の説明をする場合は、5W1H(いつ、どこで、誰が、なぜ、何を、どのように)などの情報を落とさないように、箇条書きしておくとよい。今回は基本ワーク1でまとめているので、その情報をもとに書こう。全体→部分(細部)、手前→奥という原則を意識して書くと、わかりやすい文章になる。また、写真を見た印象や感想は、段落を分けて書こう。

## チャレンジテスト⑤ 絵や写真を見て書く

▼問題P.68〜69

**問1**

①ものさし一本、消しゴム一個、鉛筆四本。

②手前には、ものさしが、横向きに置かれている。目盛りは上だ。その奥に、消しゴムがある。消しゴムは、長い辺をものさしの右端にそろえ、消す側を道具箱の奥に向けて、縦に置かれている。鉛筆は、四本とも道具箱の左奥に横に並べられている。とがっている方の向きは、奥から一本目は右、二本目は左、三本目は右、四本目は左というように、互い違いになっている。

(一六八字)

**問2**

①シーソーのような形/天秤ばかりのような形

②正三角形、長方形、正方形、円

③全体として、シーソーのように見える形である。細長い長方形の右端に正方形が乗り、左端に円が乗って、つりあっている。それらを正三角形が真ん中で支えている。円の直径と正方形の辺、正三角形の辺の長さは同じである。

(一〇二字)

**問3** (例)

①桜/桜の花/春

②池/ボート乗り場/水辺

③スワンボート/足漕ぎボート/白鳥ボート

④六

⑤桜の花びら/花びら

⑥森林/樹木

⑦雲/白い雲

⑧穏やかな光景だが、人影がなく、乗り手のないスワンボートが寂しげに見える。

**問4（例）**

この写真には、桜の季節の池の景色が映っている。

手前の岸には、スワンボートが木製のデッキに沿って六そう並んでとまっている。デッキの手前には散った桜の花びらが見える。池の水面は穏やかで、向こう岸には池に沿うように桜並木があり、その後方に森林が茂っている。晴れた空には、雲が漂っている。

穏やかな春の光景だが、人影がないから朝早いのだろうか。乗り手のないスワンボートがどこか寂しげに見える気がする。（一九八字）

**解説**

**問1** ①全部正解で5点。数量も正確に書こう。②配置と向きを説明する場合は、手前→奥（または奥→手前）、右→左（または左→右）の原則を守り、統一感を持たせることが大切。

**問2** ①「～のような形」で表現する。②全部正解で5点。③比喩の特徴を生かして説明する。大きさも忘れずに。

**問3** 全体→部分、手前→奥の原則をもとに書かれた文章。写真をよく観察して、あてはまる語句を書こう。

**問4** 第一段落で、どのような風景か全体を的確にまとめ、第二段落で、視点の移動の順序を考えながら、細かい部分を描写し、第三段落では、写真を見た印象や感想を書く。このような三段落構成で説明するとよい。



## マイニュース記事を書こう

▼問題P.70～71

**基本ワーク**

**1**（解答例）駅前の噴水広場で歌う女性が起こした、小さな奇跡

**解説** 自分の体験や身近なできごとなどを振り返って、ほかの人に伝えたいと思うことをテーマに選ぶとよい。

**2**（解答例）

| | |
|---|---|
| WHEN（いつ） | 六月十三日午後四時ごろ |
| WHERE（どこで） | △△駅前の噴水広場 |
| WHO（誰が） | ギターを抱えた二十代半ばくらいの女性 |
| WHAT（何を） | 女性がギターを弾きながら歌うのを聞いて、少しずつ足を止める人が増え、次第に人の輪ができ、終わった後大きな拍手が起きた。涙ぐむ人もいた。 |
| WHY（なぜ） | 聴衆一人一人に自分の歌を届けたい、という女性の真心が、人々の心を動かしたから。 |
| HOW（どのように） | ・聴衆の一人一人と目を合わせ、語りかけるように歌う。<br>・「聞いてくださり、本当にありがとうございました。私は幸せ者です。みなさんにも幸せが舞い降りますように。」という歌い終わった後の言葉。 |

**解説**
５Ｗ１Ｈに分けてメモをとることで、事実やできごとの具体的な要素を詳しく掘り下げることができる。WHAT, WHY, HOW のそれぞれに何を書くかは、取り上げるテーマによってさまざまだろう。その書き分けには、それほどこだわらなくてもよい。

**3** **（解答例）**

六月十三日の午後四時ごろ、△△駅前の噴水広場で、二十代半ばくらいの女性が、ギターを弾きながら自作の歌を歌い始めた。初めは誰も気に留めずに通り過ぎていたが、一人、二人と足を止めて聞く人が増え、やがて、二重、三重の人の輪ができた。女性は、聴衆の一人一人の目を見つめ、語りかけるように歌っていた。

そして、演奏が終わった後、「聞いてくださり、本当にありがとうございました。私は幸せ者です。みなさんにも幸せが舞い降りますように。」と言った。大きな拍手が起こった。涙ぐむ人もいた。聴衆一人一人に自分の歌を届けたい、という女性の真心が、人々の心を動かしたのだろう。

私は、吹奏楽部の練習で、「君たちの演奏には何かが足りない、全国大会なんて無理だ」と顧問の先生に言われ、落ち込んでいた。そんなときこの光景に出会い、自分たちに足りないものを思い知らされた。私も聴衆に感謝し、真心を込めた演奏をしよう、と思った。**（三九八字）**

**解説**
事実やできごとを正確に伝えるためには、５Ｗ１Ｈを意識することが大切である。５Ｗ１Ｈごとにメモをとり、その要素を再構成して、文章の展開を考える。その際、事実と自分の意見（感想）を区別する。自分の意見や感想は、「…だろう。」「…なのではないでしょうか。」「…思った。」「…考えられる。」など、事実を表す文とは異なる文末表現にする。解答例では、第二段落の末尾の一文、および、第三段落全体が、書き手の主観的な意見（感想）となっている。

# 3 小論文・レポート入門

## レッスン1 小論文とは何か
## 小論文とは何か

▼問題P.72～75

**基本ワーク**

**1** **（省略）**

**2** **（構成メモ例）**

［題］鉛筆とシャープペンシルのどちらがよいか。

| | | |
|---|---|---|
| はじめ | 問題提起 | 鉛筆とシャープペンシルのどちらがよいだろうか。 |
| | 意見 | 鉛筆がよい。 |
| なか | 理由1 | 軽くて安価。 |
| | 理由1の説明（具体例） | 数本持ち歩けるので安心。場合に応じて使い分けられる。シャープペンシルは故障の不安もある。 |
| | 理由2 | 削る手間がかかることが魅力。 |
| | 理由2の説明（具体例） | 木の香りをかぐとやる気が出る。シャープペンシルにはそれはない。 |
| おわり | 意見を繰り返す | シャープペンシルよりも鉛筆の方がよい。 |

**3** （四〇〇字の小論文例）

　鉛筆とシャープペンシルのどちらがよいだろうか。私は鉛筆がよいと考える。

　鉛筆は軽くて安価なので、数本を持ち歩くことができる。私は常に、H、HB、Bの鉛筆を筆箱に数本入れているが、場合に応じて使い分けることができるし、万一、一本の芯が折れても数本準備しているので安心である。シャープペンシルでは、普通、数種類の濃さのものを数本持ち歩くことは考えにくく、故障の不安も常につきまとう。

　また、鉛筆は削る手間がかかるが、その手間こそが鉛筆の魅力となるのである。勉強を始める直前に、一本一本、心をこめて鉛筆を削る。木の新しい香りがただよう。そのとき、「さあ、がんばるぞ」という強い意欲が湧いてくるのだ。シャープペンシルは手間がかからず便利ではあるが、このような気持ちの高まりは期待できない。

　以上の理由で、シャープペンシルよりも鉛筆の方がよいと私は考えるのである。

---

レッスン2　反論を想定して書く

# 反論を想定して書く

▼問題P.76～79

**基本ワーク**

**1** （構成メモ例）

［題］文化祭のクラスの出し物は、迷路と演劇のどちらがよいか。

| | | |
|---|---|---|
| はじめ | 一 | 文化祭のクラスの出し物は、迷路と演劇のどちらがよいか。演劇がよい。 |
| なか | 二 | 演出、脚本家、照明係、大道具係など、さまざまな役割があり、クラス全員が参加できる。脚本、演技、音楽、照明、舞台装置などさまざまな要素が組み合わさった総合芸術。文化の祭典にふさわしい。 |
| | 三 | 迷路は、工夫をすればお客を楽しませる魅力ある出し物になりうる。準備期間も短くて済み、楽。演劇は準備が大変で、当日も失敗しないかという緊張感に悩まされる。 |
| | 四 | 困難があるからこそ喜びが大きい。皆でそれを乗り越えることで本番で力を出し切ることができたら、クラスが本当に一つにまとまり、大きな喜びを得られる。 |
| おわり | 五 | 困難が多いからこそ演劇がよい。 |

**2** （六〇〇字の小論文例）

文化祭のクラスの出し物は、迷路と演劇のどちらがよいか。私は演劇がよいと考える。

演劇は、出演者だけでなく、演出、脚本家、照明係、大道具係、小道具係など、さまざまな役割があるので、クラス全員が自分に合った仕事をし、充実感を味わうことができる。また、演劇は、脚本、演技、音楽、照明、舞台装置などさまざまな要素が組み合わさった総合芸術であり、文化の祭典にふさわしい。

確かに、迷路も、奇抜なトリックを考えるなどの工夫をすれば、観客を楽しませる魅力ある出し物になりうるだろう。また、準備期間も短くて済み、当日もそれほど忙しくないので、取り組みは楽である。それに対して演劇は、かなり早くから脚本作り、稽古、道具作りに追われ、当日も、失敗しないかという緊張感に悩まされるだろう。

しかし、そういう困難があるからこそ、それを乗り越えて成し遂げたときの喜びが大きいのだ。最初は、やる気を見せない人もいるだろう。言い争いなども起こるだろう。不安に押しつぶされそうになることもあるだろう。そのような苦しみを味わって、それでも皆でそれを乗り越え、本番で力を出し切ることができたら、クラスが本当に一つにまとまり、大きな喜びを得ることができるのだ。

ゆえに、困難が多くても、というよりむしろ困難が多いからこそ、クラスが一つにまとまり、高校生活の良い思い出となる「演劇」がよいと私は考えるのである。

---

レッスン3　文章を読み取って書く

## 文章を読み取って書く

▼問題P.80〜81

**基本ワーク**

**1** （解答例）

日本語がなくなるとどうなるか。母国語を失うことは、物の考え方や感じ方を失うことであり、具体的で感覚的な日本文化が消えてしまうということである。仮に世界中の言語が統一されたとしたら、それぞれの地域のもつ独特の文化は失われ、異なる文化間で競争したり刺激しあったりすることがなくなり、人類の文化そのものが痩せて廃れていくだろう。異なる文化が接触し、互いに刺激しあうことで、人間の文化は発展するのである。（一九九字）

**解説**

この文章は、第一段落「問題提起」、第二・第三・第四段落「具体例とその解説」、第五段落「第一段落にある問題の、見方を変えた問いと、それについての筆者の考え」、第六段落「まとめ（筆者の主張）」という構成であるので、問題提起に関する答えを述べていく形で、最終段落の筆者の主張を中心にまとめるとよい。なお、文中に出てくる「織物」は「文化」のたとえである。

**2** （解答例）

| | |
|---|---|
| はじめ | ・文章の要約<br>・自分の意見→筆者の主張に賛成である。 |
| なか | ・言語はその土地の風土・気候などと関わっている。<br>・手紙の時候の挨拶は、四季のある日本だからこそ生まれたもの。<br>・（別の立場の意見）世界の言語が統一されれば便利だろう。<br>・（別の立場の意見への反論）異なる土地の人と同じ言葉を使っても、意味や使い方が変わるのではないか。 |
| おわり | ・言語や文化の違いを楽しみ、互いに尊重しあうことが重要だ。 |

**解説**

「はじめ」では、文章の要約を示し、それに対して、自分の立場を明確にする。「なか」では、具体例を挙げながら自分の意見の理由を示し、別の立場の意見とそれに対する反論を示す。「おわり」では、もう一度自分の意見を挙げる。

**3** **（解答例）**

私は、「それぞれの国や地域の文化の根底にあるものは言語であり、多様な言語や文化を大切にすべきだ」という筆者の意見に賛成である。

言語は、その土地の風土や暮らしがあってこそ、生まれ、育まれていくものである。先日、お世話になった方に手紙を書く機会があり、手紙の時候の挨拶について調べた。秋の挨拶だけでも、「錦秋の候」「菊薫る候」「天高く馬肥ゆる秋」「いわし雲が広がる季節」など、さまざまな表現があることに驚いた。これは、日本人が季節の移り変わりに目を向け、細やかに表現してきたことの表れだろう。

たしかに、世界の言語が一つになり、どこでもどんな人とでも言葉が通じるのは、便利にはちがいない。国や地域同士の交流や交渉がスムーズになり、個人や企業などの活躍の場も、言葉の壁に阻まれることなく、広がっていくかもしれない。

しかし、統一された一つの言語でやりとりすることは、真の意味での相互理解といえるだろうか。先に挙げた例でいえば、秋の時候の挨拶だけでもさまざまな表現があり、その表現を培ってきた日本の風土や歴史、人々の暮らし、文化がある。日本語を知らない人も、これだけ多様な秋の表し方をもつ日本語に触れることで、驚き、興味を引かれ、自分のものの見方や価値観を広げる機会となるはずだ。それらを一切捨て去って、fallという一語だけでやりとりすることになったら、世界は貴重な財産を失ったことになるだろう。母国語以外の言語に触れ、自分の知らないものの見方や価値観に触れることこそ、真のコミュニケーションなのではないだろうか。

世界中の人々と交流できることはすばらしい。現代では、交通手段の発達やインターネットの普及などにより、その機会もますます増えている。その際には、それぞれの国や地域の風土、暮らし、文化と密接に結びついた言語と、自分たちが使う言語との違いを楽しみ、互いの言語や文化を尊重し合うことが大切だと考える。（八〇三字）

**解説**

初めに課題文の要約を簡潔に示し、その内容に対する自分の考えを述べる。その後で、自分の考えの根拠となる具体例を挙げる。ここでは、言語が一つになることのメリットに言及した上で、それを否定する展開にすると、より説得力のある小論文になる。最後に、自分の意見を再度述べて締めくくる。

## レッスン4　統計資料を読み取って書く

# 統計資料を読み取って書く

▼問題P.82～83

**基本ワーク**

**1**（解答例）

学生が「自分に不足していると思う要素」と、企業の人事担当者が「学生に不足していると思う要素」には大きな隔たりがある。

○学生が「自分に不足していると思う要素」の多いもの
・語学力・業界に関する専門知識・簿記・パソコンスキルなど
○企業の人事担当者が「学生に不足していると思う要素」の多いもの
・主体性・粘り強さ・一般常識・コミュニケーション力など

**考察**

・学生は個人として自分が実際に働くことを想定して自分に足りないところを挙げているのではないか。
・企業の人事担当者は学生が企業の中で実際に働くときに企業人として必要なことを挙げているのではないか。

**解説**

学生と企業の人事担当者のそれぞれが重視している要素を挙げ、項目の共通点や相違点を見比べることをとおして、なぜそのようになるかを考える。

**2**（解答例）

〈資料読み取りメモ〉

学生　「自分に不足していると思う要素」の多いもの
・語学力・業界に関する専門知識・簿記・パソコンスキルなど
→学生個人としての視点。
企業という未経験の場で対応するために、そこで必要な自分のスキルを上げればよいと考えている。

企業の人事担当者　「学生に不足していると思う要素」の多いもの
・主体性・粘り強さ・一般常識・コミュニケーション力など。
→企業内で働く人の視点。
入社後にも習得できるスキルは重視していない。
その人の人間性を重視。
集団の中で発揮する能力を重視→個人ではなく企業人として見ている。

〈構成メモ〉

| | | |
|---|---|---|
| はじめ | 一 | グラフからわかること<br>→学生と企業の人事担当者とでは、「学生に不足していると思う要素」には隔たりがある。 |
| なか | 二 | 学生が「自分に不足していると思う要素」の多いもの |
| | 三 | 企業の人事担当者が「学生に不足していると思う要素」の多いもの。 |
| | 四 | 企業が学生に求めるのは周囲と協調して力を発揮すること。 |
| おわり | 五 | 資料をふまえて考えたこと。→今後の自分 |

**解説** 「はじめ」には、グラフから読み取れることを書き、「なか」では、それぞれの項目について挙げ、なぜそうなるか自分の考察を交えて書く。「おわり」では、資料をふまえて考えたことをもとに今後の自分について書く。

**3** **(解答例)**

このグラフからわかることは、学生が「自分に不足していると思う要素」と、企業の人事担当者が「学生に不足していると思う要素」には大きな隔たりがあるということだ。

学生が「自分に不足していると思う要素」として挙げているものには、語学力、業界に関する専門知識、簿記、パソコンスキルなどが多い。これは学生が、実際に自分が働くことを想定して自分に足りないところを挙げ、そのようなスキルさえ身につければ、企業の中でやっていけると考えていることを示している。

一方、企業の人事担当者が「学生に不足していると思う要素」として挙げているものには、主体性や粘り強さなど人柄や人間性に関わる要素が多い。企業の人事担当者は、学生が重視するような個人のスキルは企業に入ってからでも習得できるが、本質的な人間性は一朝一夕には変わらないと考えているのではないか。また、人事担当者が、一般常識やコミュニケーション力も重視していることにも注目したい。たとえ入社時にスキルが備わっていなかったとしても、一般常識やコミュニケーション力があれば、仲間や先輩とうまく接し、よい人間関係を築くことができるはずだ。そして、周りの人たちと積極的に関わり合う中で、仕事で必要なスキルも、自然と身につくことだろう。

企業が学生に求めているのは、語学力や専門知識といったスキルよりも、周りの人と協調して仕事をし、その中で自分の能力を存分に発揮できる、人間性なのだと考えられる。

私もこれまでは、自分の希望する企業に就職するためには、即戦力として動けるように語学力や専門知識を身につける必要があると考えていた。だが、今回、この資料を見て、私たち学生を採用する人事担当者の考えがよくわかった。これからは、自分の人間としての内面を充実させ、他人とうまくやっていく能力も身につけなければならないと感じている。**(七七三字)**

**解説** グラフを読み取り考えたことを、最後に自分のこととして受け止めて、今後の自分について書くとまとまりのよい文になる。

# レッスン1 自分を見つめて(1)

## 人生を見つめる

▼問題P.84～85

### 基本ワーク

**(ライフチャート記入例1)**

| 時期 | | がんばったこと | | |
|---|---|---|---|---|
| | | 勉強について | 部活動について | 学校以外の活動について |
| 過去 | 小学校時代 | 歴史に興味があったので、社会の勉強を特にがんばった。<br>【得たこと】<br>教科書に載るような人物の生い立ちや考えなどについて学ぶことができた。 | クラブ活動で「料理クラブ」に所属し、いろいろな料理を作った。<br>【得たこと】<br>作れるようになった料理を家族に振る舞うととても喜んでくれて、人のために何かをすることの喜びを知った。 | 土曜日や日曜日に児童館で行われている「手話クラブ」に参加した。<br>【得たこと】<br>手話で簡単な挨拶ができるようになった。できるようになった時の達成感を味わうことができた。 |
| | 中学校時代 | いろいろな人とコミュニケーションをとれるようになりたいと思ったので、英語の勉強を特にがんばった。<br>【得たこと】<br>英語に興味を持つようになった。また、いろいろな人々、文化に触れたいと思うようになった。 | 吹奏楽部に所属し、地区の合奏コンクールで入賞した。また、近隣の福祉施設などで演奏会を行ったりした。二年生の途中から三年生にかけて部長を務めた。<br>【得たこと】<br>練習を通じて一生懸命努力することや仲間の大切さを学んだ。また、将来、人が喜んでくれることをしたいと思うようになった。 | 部活動の練習が多かったのであまり活動していないが、部活動で演奏会を行った福祉施設でボランティア体験などを行った。<br>【得たこと】<br>高齢者の話し相手になるなど、自分にでもできる小さなことでも高齢者の方が喜んでくれて嬉しかった。 |
| 現在 | 高校入学から今まで | 将来、介護福祉士になるという目標に向けてがんばっているが、特に英語と国語に力を入れている。<br>【得たこと】<br>将来の目標ができると、それに向けて勉強をがんばれるのだと感じている。また、どの勉強も目標を達成するためには必要だと感じている。 | 英会話部に所属した。英語での弁論大会に出場したり、地域で英会話教室を開いたりした。<br>【得たこと】<br>大勢の人の前で話をすることが苦手だったが、苦手意識を少なくすることができた。 | 土日を利用して定期的に老人ホームでボランティアを行っている。また、夏休みや冬休み、春休みを利用して、障害のある子どもへの介助ボランティアを行った。<br>【得たこと】<br>障害とはどのようなものなのかについて考えることができた。また、障害の有無に関係なく一人の人として接することの大切さを学んだ。 |

**(ライフチャート記入例2)**

| 時期 | | がんばったこと | | |
|---|---|---|---|---|
| | | 勉強について | 部活動について | 学校以外の活動について |
| 過去 | 小学校時代 | 自然について興味があり、理科の勉強を特にがんばった。<br>【得たこと】<br>物事の仕組み・法則などについて興味を持つきっかけとなった。 | クラブ活動で「科学クラブ」に所属し、いろいろな実験などを行った。<br>【得たこと】<br>興味を持ったことについて「なぜそうなるのだろう」と疑問を持つことの大切さや、疑問を自分で解決することの面白さを感じることができた。 | 地域のボーイスカウトに所属し、キャンプをはじめ、さまざまな野外活動の体験をした。<br>【得たこと】<br>何にでもチャレンジすることの大切さや礼儀などについて学ぶことができた。 |
| | 中学校時代 | 将来、世界中を旅して、いろいろな自然に触れあいたいと考えるようになったので、小学校からの理科の勉強の他に英語の勉強にも力を入れた。<br>【得たこと】<br>小学校までは自然について興味を持っているだけであったが、英語を勉強して、英語にも興味を持つようになった。 | 生物部に所属し、学校周辺の生物環境に関する調査を行った。二年生の時に副部長、三年生の時に部長を務めた。<br>【得たこと】<br>科学的な視点で調査・分析する方法について学ぶことができ、動植物に関する知識も深まった。また、グループをまとめることの難しさについて学んだ。 | 地域のボーイスカウトに所属した。小さい子の世話を任されたり、中学生の中のリーダーを務めたりするようになった。<br>【得たこと】<br>常に周囲の状況を見ながら対応することの大切さを学んだ。 |
| 現在 | 高校入学から今まで | 二年生から理系に進み、選択科目で生物を学んだ。生命の仕組みについて興味を持つようになり、その分野の本を何冊も読んだ。<br>【得たこと】<br>生命の仕組みについて、自分で研究してみたいと思うようになった。大学で生物学を学びたいという目標ができた。 | 学校に生物部がなかったこともあり、ESS部に所属した。英語での弁論大会に出場するなどした。<br>【得たこと】<br>英会話をすることや、人前で話をすることが苦手だったが、部活動を通じてそれらに対する苦手意識をなくすことができた。 | 夏休みにオーストラリアに二週間ほど短期留学をした。<br>【得たこと】<br>日本とは異なる文化について学ぶと共に、壮大な自然に触れ、自然に対する興味がより大きくなった。 |

## レッスン1　自分を見つめて(2)
# 長所・短所を見つめる
▼問題P.86〜87

**基本ワーク**

**1** 長所（例）

・いろいろなものに興味をもてる。／行動力がある。／リーダーシップがある。

短所（例）

・よく考えずに行動してしまう。／物事に没頭しすぎてしまう時がある。／自己主張が強すぎることがある。

**2**（例）

ア　消極的　→慎重、奥ゆかしい
イ　落ち着きがない　→好奇心旺盛、行動力がある
ウ　気が短い　→決断力がある、すぐに行動に移す
エ　優柔不断　→柔軟性がある、包容力がある
オ　くよくよする　→感受性が豊か
カ　でしゃばり　→リーダーシップがある
キ　いいかげん　→こだわらない
ク　うるさい　→にぎやか、社交的
ケ　無口　→物静か、奥ゆかしい
コ　自分勝手　→主張がはっきりしている

**3**（短所→長所の例）

・よく考えずに行動してしまう。
→行動力がある。好奇心旺盛である。
・物事に没頭しすぎてしまう時がある。
→集中力がある。物事に真剣に打ち込むことができる。
・自己主張が強すぎることがある。
→リーダーシップがある。自分の考えをはっきりと述べられる。

## レッスン2　効果的な自己PR
# 効果的な自己PR
▼問題P.88〜89

**基本ワーク**

**1**（例）

①いつも「ワン・フォア・オール（みんなのために）」と考えることができる。
②ラグビー部のキャプテンとして、怪我でプレーできないときもチームをまとめた。
③どんな状況でもみんなの役に立てることがあるとわかった。
④どんな状況でも、周囲の人たちや仲間のために自分のベストを尽くす「ワン・フォア・オール」でいること。

**2**（原稿例）

ラグビーには、チームプレーの精神を表す「ワン・フォア・オール、オール・フォア・ワン」（一人はみんなのために、みんなは一人のために）という言葉がありますが、私もいつも「ワン・フォア・オール」でありたいと思っています。

高校では、ラグビー部のキャプテンとして、いつも全力でプレーしていましたが、あるとき、試合中に肩を脱臼してしまい、ベンチに下がりました。全国大会への出場のかかった大事な試合だったので、とてもショックでしたが、ベンチから大声で指示を出したり、ミスをした選手を励ましたりしていました。試合後、選手たちから、「ずっとキャプテンの声が聞こえていて心強かった。」と言ってもらって、プレーができなくても、役に立てることがあるのだとわかりました。いつでも、みんなのために自分にできるベストを尽くす「ワン・フォア・オール」でいることが、私のモットーです。（三七七字）

## レッスン3　将来の自分を考えよう

# 将来の自分を考えよう

▼問題P.90～91

**基本ワーク**

**（解答例）**

私は将来、介護福祉士になり、特別養護老人ホームや介護施設など、福祉の現場で高齢者の生活支援をしたいと考えています。

そう考える理由は二つあります。一つ目は、そもそもお年寄りと接することが好きだからです。私は小さい頃から祖父母のことが大好きで、祖父母の友人たちも含めて、高齢者に囲まれて遊んでいました。中学校、高校では近隣の特別養護老人ホームでボランティアをし、高齢者のお手伝いをしたり、高齢者とおしゃべりをしたりしていました。

二つ目の理由は、私なりの社会貢献になると考えたからです。これからますます高齢化が進行する社会において、福祉を支える人材が必要とされると思います。高齢者福祉関係の仕事なら、自分が好きなことを生かして、これからの社会の役に立てるのではないかと考えたのです。

介護福祉士になる方法は複数ありますが、普通高校に通う私が資格を取得するには、まず、介護福祉士養成施設となっている大学や短大、専門学校に進学し、そこで必要な勉強をしたり、技能を身につけたりして卒業する必要があります。その上で、国家試験に合格しなければなりません。

簡単なことではないでしょうが、一生懸命勉強して夢を実現したいと思います。介護福祉士になれたなら、お年寄りに思いやりをもって接し、お年寄りの生活が豊かで充実したものになるよう、支援したいと考えています。**（五七三字）**

**◆構成メモを作る**

**（省略）**

## レッスン4　志望理由を書こう

# 志望理由を書こう

▼問題P.92～93

**基本ワーク**

**1**　（省略）

**2**　（例）

①・子供の頃からおしゃれに興味があった。
・お客様一人一人に似合い、着ていて幸せになるような服を販売したい。

②・女性向けの衣類の企画、製造、販売を行うブランド。
・「着こなしの提案も商品の一部」として販売時のお客様対応を重視。
・販売員が商品イメージを体現している。

③・このブランドの服のよさを伝えたい。
・その人に似合う着こなしを提案したい。

④・センスがいいとほめられることが多い。
・人なつっこい。

⑤・もっと多くの人にこのブランドの服を着てもらいたい。
・おしゃれをする喜びを多くの人に知ってほしい。

3 （解答例）

私は、父の転勤で家族が遠方に引っ越すのを機に自立するため、就職を選びました。

子供の頃から洋服が好きで、自分なりのおしゃれを楽しんできたのですが、貴社のお店の見学をさせていただいた際に、「着こなしの提案も商品の一部」というご説明に共感しました。販売員の方たちの洗練されたセンスや態度にも感銘を受け、貴社における販売員の重要性を強く感じ、ぜひこの仕事に挑戦したいと思いました。

家族や友達からはセンスがいいとほめられて、服選びの手伝いをすることがしばしばあります。また、にこにこしているせいか、知らない人から道を聞かれることなども多いので、お客様からも気軽に声をかけていただけると思います。

貴社にご採用いただけましたら、貴社の商品をより多くの人が素敵に着こなして、おしゃれの喜び、幸せを味わっていただけるよう、貢献したいと考えております。

## レッスン5　自己推薦書や学修計画書を書く(1)

▼問題P.94～97

# 自己推薦書や学修計画書を書く

**基本ワーク**

1 （解答例）

| 書類 | 記入する要素 |
|---|---|
| 志望理由書 | 志望理由（志望動機）、これまでの自分の取り組み、自己ＰＲなど。 |
| 自己推薦書 | これまでの自分の取り組み、自己ＰＲなど。 |
| 学修計画書 | 入学後の取り組み、将来の目標など。 |

**解説**

提出書類にはさまざまなものがあるが、本質的には共通しており、志望理由（志望動機）、自己ＰＲ、志望先でやりたいことなどを求められることが多い。

2 （解答例）

①私は、高校時代、吹奏楽部の副部長を務めておりました。そのときに特に気を配っていたのは、部員の気持ちを一つにすることです。吹奏楽の演奏は一人ではできず、みんなで協力して初めて成立します。和音を一つにしても、気持ちがそろっていなければ美しい音にはなりません。もし、貴社に入ることができましたら、周りの人との調和を考え、ほかの人と気持ちをそろえて貴社に貢献したいと考えております。

②私はもともとは英語が得意ではなく、高校時代には授業中に全く話せなかったり、短期留学の応募もうまくいかなかったりした経験があります。しかし、その悔しさをバネにして、苦手を克服するために、自分から英語サークルに入って英語で話す機会を増やし、外国人講師の先生にも積極的に話しかけるようにすることで、最近は、「英語で話せた」という喜びを感じることができるようになりました。さらに英語力を鍛えていくために、貴校の充実した

語学教育を受けることができたらと思い、貴校を志望いたしました。私もぜひ貴校に入学し、確かな英語力を身につけ、将来グローバルな社会で活躍できるようになりたいと思っております。

③私は将来、介護福祉士になりたいと思っております。介護の仕事では、身体の不自由な方や認知症の方など、さまざまな高齢者一人一人に合った介助が必要であり、一人一人の気持ちを丁寧にくむことが大切だと思っております。私は高校時代バレーボール部で仲間たちとともに厳しい練習の日々を過ごし、その結果、地区大会で準優勝することができました。そのときに重視していたのは、仲間がミスをしても責めるのではなく励ますということです。介助の必要な高齢者が気持ちが沈んでいるようなときには、高校時代の経験を生かして、相手の気持ちを思いやり励ましていきたいと思います。そして、貴校に入学することができましたら、カウンセリングなどのノウハウもしっかりと身につけ、相手の気持ちをくむことができる介護福祉士になるための勉強に励みたいと思っております。

**解説**

①高校時代にがんばったことと、会社に入ってからがんばりたいことを具体的に挙げる。

②否定的な情報をそのまま書くのではなく，肯定的にとらえ直し、学校のカリキュラムが自分に合っていることを強調する。

③高校時代の体験と希望する職業、入学校の特色が結びつくように書き直す。

**3**（解答例）

①
- 相手の気持ちを想像し、思いやりをもって接することができる。
- 地域の老人ホームでのボランティアでも、思いやりのある行動ができると評価された。

②
ボランティア活動
- 週末…地域の老人ホーム（利用者の方と話をする。楽器の演奏をする。）
- 夏休み…障害のある子どもたちの介助ボランティア

ボランティア活動を通じて、介助の技術、障害に対する知識のほか、介助・援助をする側される側という関係ではなく、一対一の人間同士として接することが大切だと学んだ。

③
学校のカリキュラム上の特徴
- 現場で活躍していた経験豊かな講師陣による講義がある。
- 講義は、健康学や心理学、障害学など幅広い分野で充実している。
- 一年時から年数回の演習があり、実習先はある程度希望がかなえられる。

④
利用者一人ひとりの個性や要望にあった福祉サービスができる介護福祉士になること。

**解説**

提出書類には、具体的なことを書くようにすると印象的な自己ＰＲになるので、メモを作成する時点で、具体例を多く挙げるようにする。

**4** （解答例）

私は、将来、介護福祉士になることを目標として、貴校への入学を希望しております。

これまでに、週末には、地域の老人ホームに行き利用者の方と話をしたり、楽器の演奏をしたりするボランティア活動をしてきました。また、夏休みには、障害のある子どもたちの介助ボランティアなどもした経験があります。それらのボランティア活動を通じて、私は、介助の技術、障害に対する知識の他に、介助・援助をする側される側という関係ではなく、一対一の人間同士として接することが大切だということを学びました。

私の長所は、思いやりがあるところだと思います。地域の老人ホームでのボランティアでは、利用者の方々の好きな歌を伺い、それを演奏して喜ばれました。また、障害のある子どもたちの介助ボランティアでは、相手のペースに合わせて丁寧に寄り添うことができました。このような私の性格を生かせる仕事として、介護福祉士になりたいと考えるようになりました。

貴校に入学できましたら、幅広い知識を身につけ、講師の方々の豊かなご経験から積極的に学んで、利用者一人ひとりの個性や要望にあった福祉サービスができるような介護福祉士を目指したいと思っています。

**解説** メモをもとにして、将来の目標と進学先でのやりたいことを結びつけ、進学先の教育内容が、自分の目標を達成するために有効であることがわかるように書く。

---

レッスン5 自己推薦書や学修計画書を書く(2)

## 履歴書の書き方

▼問題P.98～99

**基本ワーク**

（省略）

## 実践トレーニング②

「4 自己PRと面接」のまとめ

▼問題P.100～105

**基本ワーク** ▼問題P.100～103

**1** （解答例）

(1) (10行) 暮し→暮らし (15行) 勤め→務め (17行) どうり→どおり

A…くだきました／尽くしました

(2) (4行) 将来の夢は、大工になりたいと思っていました→将来の夢は大工でした／将来は大工になりたいと思っていました

(19行) コミュニケーション力や責任感は、社会に出てからもよい仕事をしていきたいと思っております→コミュニケーション力や責任感で、社会に出てからもよい仕事をしていきたいと思っております

(3) (15行) 部員たちをまとめたりチーム力を上げること→部員たちをまとめたりチーム力を上げたりすること

(4) (6行) ご説明していただき→ご説明いただき／説明していただき

(9行) お聞きになって→お聞きして

(5) (17行) あったけど→ありましたが (19行) 部活→部活動

**解説**

(1) 「心を乱す」は「心配事などで不安な気持ちになる」という意味。ここでは「苦心する」「尽力する」という意味になるような語句を使う。

(5) 「けど」などのくだけた言葉遣いは、改まった書き言葉では用いないようにする。

**2**（解答例）

(1)○○高等学校から参りました、田村●●と申します。
(2)御社
(3)私にとって、大変共感できるものでした／大変心打たれるものでした。
(4)申しておりました。→おっしゃっていました。
おじいちゃん→祖父
おっしゃっています。→申しております。
(5)深く感心いたしました。
→強く心を動かされました。／深い感銘を受けました。
(6)申し訳ありませんが、もう一度お願いできますでしょうか。

**解説**

(1)自己紹介の際は、正式な学校名とフルネームを名乗り、適切な敬語を用いる。
(4)・高校の先生には謙譲語「申す」ではなく尊敬語を使う。
・改まった場面では、身内の呼び方に気をつける。「お母さん」→「母」、「お兄さん」→「兄」なども同様。
・改まった場面では身内に尊敬語を使わない。尊敬語「おっしゃる」ではなく謙譲語「申す」を使う。
(5)「感心」は目下の人に向かっていう言葉。

## 確認ワーク

▼問題P.104〜105

**1**

①(1行)感心→関心　(7行)自身→自信
②(2行)もらった→いただきました／いただいた
③イ
④(7行)なので→ですから／したがって／この二点から
⑤ア

**解説**

①「自動車に関する技術に感心をもっています」の「感心」は、「関心」と書く。また、「自身があります」の「自身」は、「自信」と書く。
②「会社見学をさせてもらった」の「もらった」は謙譲語の「いただきました／いただいた」に改める。文章全体が敬体で書かれているので敬体の「いただきました」が望ましいが、このように文の前半にある句の場合は、「いただいた」と部分的に常体にしてもよい。
③前の内容につけ加えて後の内容が続く。並立・累加の「また」を用いる。
④「なので」はくだけた表現のため書き言葉としてふさわしくない。
⑤修飾—被修飾関係を明確にするには、二語を近くに置くとよい。つまり、「できる限り」を「多くの方に紹介し」の直前、「自動車を」の直後に置く。

**2**

**質問**　本校を志望した理由を教えてください。
**答え**　はい。看護師になるのが、私の夢だからです。私の母は看護師で、毎日、元気に生き生きと働いていらっしゃいます。その影響もあって、私は幼い頃から、自分も看護師になりたいって思ってました。
**質問**　高校生活でがんばったことは何ですか。
**答え**　部活です。バスケ部に所属していました。二年生までは補欠でしたが、一生懸命練習を重ねて、県大会にはレギュラーとして出れました。
**質問**　部活動をとおして、どのようなことを学びましたか。
**答え**　たくさんありますが、やはり最もよく学んだことは、チームワークの大切さです。バスケは、個人の力が優れているだけでは試合には勝てません。チームメイトとよく話し合ったり、連携プレーに取り組んだりし、そういったことが、とても大切であることを学びました。
**質問**　趣味はありますか。
**答え**　えーっと、読書かなあ。最近では、日本の医療の問題点を論じた本も読むようにしています。

①（3行）いらっしゃいます↓おります／います
②（例）なりたいと思っていました
③（9行）出れました↓出られました／出ることができました／出場することができました
④（18行）えーっと、読書かなあ。↓（例）はい、私の趣味は読書です。
⑤部活↓部活動　バスケ↓バスケットボール（傍線を引く箇所は図参照）

**解説**

①自分の身内の人の動作には、原則尊敬語ではなく謙譲語を用いる。また、謙譲語を用いず、普通の言い方の「いる」を用いた「います」としてもかまわない。

②「なりたいって」のように、引用のあとを「〜って」とするのは話し言葉でしばしば見られるが、改まった場では「〜と」とする。「思ってました」は「い抜き言葉」。

③「出れました」は「ら抜き言葉」。また、「出られる」の「れる」は可能を表すため、「出ることができました」なども可。

④「趣味はありますか」と質問されているため、まず、趣味の有無を「はい」か「いいえ」で答えて、具体的な趣味について述べたい。「えーっと」は答えになっておらず、また、特に改まった場面では不適切。「〜かなあ」は明確な発言、改まった表現とはいえない。

⑤「バスケ」は二カ所で発言している。

# 5 メディアを駆使する

## レッスン1 通信文を書き分ける(1)

## 便箋の手紙

▼問題P.106〜107

**基本ワーク**

**1** （①の場合の例）

拝啓　新緑の候、木村様におかれましてはますますご健勝のこととお喜び申し上げます。

　さて、先日は突然のお願いにもかかわらず、職場見学にご協力いただき、まことにありがとうございました。食品サンプル作りには以前から興味を持っていたのですが、実際に目の前で拝見すると、細かい手作業が多いことに驚きました。そして、きれいでおいしそうなケーキが完成したときは、まるで魔法のようで本当に感動しました。これからもすばらしい作品を作り、私たちを楽しませてください。

　このたびはお忙しいところを、丁寧に案内してくださり、心から感謝申し上げます。職場の皆様にもよろしくお伝えください。

　最後になりましたが、木村様のご健康と、貴社のますますのご発展をお祈り申し上げます。

敬具

五月二十日

丁高等学校二年三組
田中亜紀

木村食品サンプル株式会社
木村誠一様

## レッスン1　通信文を書き分ける(2)　はがき

▼問題P.108～109

**基本ワーク**

**1**（解答例）

〈はがき裏〉

拝啓　公園の桜も満開になり、一気に春がやってきました。伯母様には、いかがお過ごしでしょうか。
　先日は私の入学祝いとして、図書カードをお贈りくださり、ありがとうございました。さっそく学校で使う辞書や参考書を買いそろえました。新しい本に囲まれて、フレッシュな気持ちで、勉強も部活動もがんばろうと思っています。
　季節の変わり目ですので、どうぞご自愛ください。
敬具
四月三日

〈はがき表〉

712－××××
切手
岡山県倉敷市××　四三二一
大野　久子　様
埼玉県所沢市××町九〇〇
市川怜奈
359－××××

**解説**
「手紙の基本的な形式」や「時候の挨拶」（問題p.108）を参考に書く。感謝の気持ちが伝わるように、敬語表現に配慮して、丁寧な文字で心を込めて書こう。

**2**（解答例）

〈封筒表〉

216－××××
切手
神奈川県川崎市××区〇〇一－一－一
木村食品サンプル株式会社
木村　誠一　様

〈封筒裏〉

東京都世田谷区××　五－五－五
田中亜紀
154－××××
五月二十日

**2**（解答例）

欠席で出す場合。

〈返信用はがき裏〉

~~ご出席~~

~~ご~~（欠席）させていただきます。

幹事さん、お疲れ様です。当日は残念ながら用事があって出席できません。皆さんによろしくお伝えください。

~~ご~~住所　〒一〇二-××××
東京都千代田区〇〇九-十-十一

~~ご芳~~名　吉沢高志

〈返信用はがき表〉

101-××××

切手

東京都千代田区△△六―七―八

大橋　勇太　~~行~~
様

返信

東京都千代田区〇〇九-十-十一
吉沢高志

102-××××

レッスン2　電話を使いこなす

## 電話を使いこなす

▼問題P.110～111

**基本ワーク**　▼問題P.110～111

（解答例）

①ア　Bでございますね。Bに代わりますので、少々お待ちください。
イ　Bはただいま席をはずしております。代わりにご用件を伺いますが、いかがでしょうか。

②わたくしどものCが、B様にはいつもお世話になっております。

③まことに申し訳ありませんが、〇月〇日の〇時は、予定が入っておりますので、また別の日にしていただけないでしょうか。

**確認ワーク**　▼問題P.111

（解答例）

①お待たせいたしました。

②山下は、ただいま席をはずしております。

③どちらさまでしょうか。／お名前を伺ってもよろしいでしょうか。

④橋本様でいらっしゃいますね。

⑤ご用件を伺って、山下に伝えます。

⑥はい。かしこまりました。／はい。承知しました。

⑦失礼いたします。

## レッスン3　メディアと情報

# メディアと情報

▼問題P.112〜113

**基本ワーク** ▼問題P.112〜113

（解答例）

ニュースやできごと＝ノーベル賞の授賞式

(1)同じメディアの異なる報道機関を比べる。

メディア＝「読売新聞」

・第一面のおよそ三分の一の紙面を使用。大きな写真一枚あり。

・授賞式の流れを一通り記述した後、受賞者の談話や感想を記述。

メディア＝「朝日新聞」

・第一面のおよそ三分の一の紙面を使用。中くらいの写真二枚あり。

・受賞者の感想や談話を中心に、授賞式の様子を記述。

(2)同じ報道機関の中で比べる。

メディア＝新聞の一面（「読売新聞」）

・受賞者の喜びの顔のアップを掲載。受賞の理由、研究の概要などを記述。

メディア＝新聞の社会面（「読売新聞」）

・受賞者のこれまでの歩み、エピソード、恩師のコメントなどを掲載。

(3)異なるメディアを比べる。

メディア＝新聞（「読売新聞」）

・授賞式の流れを一通り記述した後、受賞者の談話や感想を記述。

・大中小の三つの見出しあり。

メディア＝インターネット（「ＹＯＭＩＵＲＩ　ＯＮＬＩＮＥ」）

・「読売新聞」と同じ記述。

・見出しはタイトル一つのみ。

**確認ワーク** ▼問題P.113

（省略）

# 6 会話・議論・発表

## レッスン1　相手や場面に応じた会話

# 相手や場面に応じた会話

▼問題P.114〜115

**基本ワーク** ▼問題P.114〜115

（解答例）

①いらっしゃいませ。お一人様でいらっしゃいますか。

②お一人様いらっしゃいました。

③では、こちらのお席でいかがでしょうか。

④それでは、メニューをお持ちします。少々お待ちくださいませ。

⑤ご注文を承りますが。／ご注文はどうなさいますか。

⑥コーヒーは食後がよろしいでしょうか。

⑦承知いたしました。／かしこまりました。

**確認ワーク** ▼問題P.115

（解答例）

①先生、今、お時間よろしいでしょうか。／先生、少しお話ししていいですか。

②申し訳ありませんが、明日、部活動を休ませていただきたいのですが。

③明日、急に用事ができてしまいました。部活動のみんなにも迷惑がかかるし、
先生にも申し訳ないと思うのですが。

④はい。本当に申し訳ありません。

⑤ありがとうございます。あさってから、またがんばります。

## 言葉遊びを楽しもう

▼問題P.116

**名前で折句をつくろう**

**（作品例）**

・ごりらと　ともだち　うれしいな　あしたは
　やすみ　ねこと遊ぼう　（後藤彩音）

・すべての休日は　ずっと寝て　きたくしても
　寝て　たくさん寝てる　つまらない　やつ　（鈴木達也）

**澄むと濁るの違いにて**

**（作品例）**

・二階から目薬、苦いから胃薬

・タイヤは汚れ、ダイヤは光る

**クロスワードパズル**

| | | | | |
|---|---|---|---|---|
| 1 ひ | 2 だ | 3 ね | ■ | 4 な |
| 5 が | い | ち | 6 ゆ | う |
| し | ■ | 7 が | け | ■ |
| ■ | 8 ま | え | む | 9 き |
| 10 や | ご | ■ | 11 り | ん |

国語基礎力強化ワーク

## 1　仮名遣いの決まり

▼問題P.118～119

**1** ①ちぢむ　②きずつく　③みかづき　④つづく　⑤えいせい　⑥こおり　⑦めいじる　⑧おうせい　⑨じしん　⑩とおり　⑪もうす　⑫とおい　⑬おおい　⑭いう　⑮かたづく　⑯おおやけ

**2** ①こんにちわ→こんにちは、いらしやるの→いらっしゃるの
②あるいわ→あるいは、とどこうる→とどこおる
③おねいさん→おねえさん、てえねい→ていねい
④おうむね→おおむね、おこずかい→おこづかい
⑤とうり→とおり、気ずいた→気づいた

国語基礎力強化ワーク

## 2　送り仮名の付け方

▼問題P.120～121

**1** ①ず　②く　③い　④しい　⑤かだ　⑥やかだ　⑦かべる　⑧つく　⑨える　⑩らぐ　⑪こえる　⑫ない　⑬い　⑭しい　⑮やかだ　⑯らう

**2** ①承る　②明るい　③楽しみ　④陥る　⑤確かだ　⑥情け深い

**3** ①全ったく→全く　②朗がらかな→朗らかな　③幸わせ→幸せ　④話合い→話し合い　⑤逃がれた→逃れた

## チャレンジテスト⑥ 仮名遣い・送り仮名

▼問題P.122～123

問1 ①じめん ②ちかぢか ③ちゃづつ ④ずつう ⑤おおどおり ⑥ようりょう ⑦こおり ⑧いちおう

問2 ①エ ②イ

問3 ①ア ②ウ ③イ ④ア

問4 ①ア ②イ ③ア ④ア ⑤ア ⑥イ ⑦イ ⑧イ ⑨イ ⑩ア ⑪イ ⑫イ

問5 ①自ずから ②逆らって ③逃れた ④悩む

問6 ①ア やさ イ すぐ ②ア なお イ おさ ③ア あたら イ あら ④ア にが イ くる ⑤ア ま イ お

国語基礎力強化ワーク

## 3 気をつけたい同音異義語

▼問題P.124～125

1 ①関 ②感 ③開 ④解 ⑤健 ⑥険

2 ①保証 ②補償 ③保障

3 ①決裁 ②決済 ③最期 ④最後

国語基礎力強化ワーク

## 4 異字同訓の使い分け

▼問題P.126～127

1 ①暑い ②熱い ③厚い ④指す ⑤差す ⑥刺す ⑦収める ⑧納める

2 ①就 ②着 ③答 ④応

3 ①進→勧 ②努→務 ③乗→載 ④利→効 ⑤訪→尋

国語基礎力強化ワーク

## 5 間違えやすい漢字

▼問題P.128～129

1 ①遺憾 ②悔 ③完遂 ④驚異 ⑤指摘 ⑥専門 ⑦独創 ⑧引率 ⑨違和感 ⑩講義 ⑪貪欲 ⑫冒険

2 ①歓→勧 ②侵→浸 ③栽→裁 ④複→復 ⑤諸→緒 ⑥壁→璧

## チャレンジテスト⑦ 同音異義語・異字同訓・間違えやすい漢字

▼問題P.130～131

問1 ①ア ②イ ③イ ④ア ⑤イ ⑥ア ⑦ア ⑧イ ⑨イ

問2 ①ア生産 イ精算 ②ア局地 イ極致 ③ア講演 イ好演 ④ア規制 イ既成

問3 ①ア ②イ ③イ ④ア ⑤イ

問4 ①備えた ②絶った ③採る ④尋ねる ⑤効いて

問5 ①問→文 ②復→複 ③期→機 ④余→予 ⑤性→牲 ⑥旧→朽 ⑦適→敵 ⑧誤→語 ⑨壁→璧

国語基礎力強化ワーク

## 6 よく使われる四字熟語

▼問題P.132～133

1 ①口 ②霧 ③夢 ④霧 ⑤体 ⑥睛 ⑦機 ⑧髪 ⑨銘 ⑩嫁 ⑪鬼 ⑫恥 ⑬援 ⑭青 ⑮単 ⑯専

2 ①一 千 ②七 八 ③千 一

3 ①自画自賛 ②絶体絶命 ③傍若無人 ④針小棒大 ⑤危機一髪

国語基礎力強化ワーク
## 7 覚えておきたい慣用句
▼問題P.134～135

**1** ①目 ②舌 ③鼻 ④足 ⑤手 ⑥顔 ⑦肩 ⑧鼻 ⑨胸 ⑩腕

**2** ①入れる ②足 ③射た ④発する ⑤もたない・もてない
⑥上を ⑦島 ⑧入れず ⑨くくる／くくった ⑩惜しんで

チャレンジテスト⑧
## 四字熟語・慣用句
▼問題P.136～137

問1 ①いくどうおん ②ごんごどうだん ③ろうにゃくなんにょ ④いっちょういっせき ⑤いちごいちえ ⑥がりょうてんせい ⑦せんぺんばんか ⑧せんさばんべつ

問2 ①意気消沈 ②五里霧中 ③絶体絶命 ④傍若無人 ⑤無我夢中
⑥心機一転 ⑦雲散霧消

問3 ①ア ②イ ③ア ④ア ⑤イ ⑥イ ⑦イ ⑧ア ⑨イ ⑩イ ⑪ア
⑫ア

問4 ①火事 ②○ ③立った ④○

問5 ①砂上 ②机上

国語基礎力強化ワーク
## 8 敬語の分類と使い分け
▼問題P.138～139

**1** ①謙譲語 ②丁寧語 ③尊敬語 ④尊敬語 ⑤謙譲語 ⑥謙譲語
⑦丁寧語 ⑧謙譲語 ⑨謙譲語

**2** ①いらっしゃる ②おっしゃる ③召し上がる ④くださる
⑤いらっしゃる ⑥ご覧になる ⑦お書きになる ⑧ご指導なさる

**3** ①申し上げる ②拝見する ③伺う／承る ④差し上げる ⑤いただく
⑥お目にかかる／お会いする ⑦お伝えする ⑧ご説明する

チャレンジテスト⑨
## 敬語の分類と使い分け
▼問題P.140～141

問1 ①ア ②イ ③ウ

問2 ①ウ ②イ

問3 ①いらっしゃる／おいでになる／お越しになる ②申し上げる
③お会いした ④お聞きした ⑤伺いました／参りました
⑥お待ちになっています

問4 ①ウ ②ア ③エ ④オ

問5 ①A姉 Bお届けします Cお待ちになって／お待ち
②Aお会いしたい／お目にかかりたい Bいらっしゃいますか
Cいただけないでしょうか
③Aお手紙 B拝見しまして Cいたしました
④Aおいでになる B伺った／お聞きした
Cお会いする／お目にかかる